Das Lernen lernen

Seine Arbeit planen – einen Zeitplan erstellen

Manchmal ist es zum Verrücktwerden. Es kommt einfach vieles zusammen und man weiß nicht mehr, wo man anfangen soll. So geht es Mona diese Woche.

Jeden Tag Schule bis 13 Uhr
Mittwoch: Diktat schreiben
Donnerstag: Mathetest schreiben

Dienstag, 15 bis 17 Uhr: Treffen mit Anja – Lernen für den Mathetest
Montag, 17 bis 18 Uhr: Zahnarzt
Montag, 15 bis 16 Uhr: Üben für das Diktat
Mittwoch, 15 bis 18 Uhr: Sport
Freitag, 16 bis 19 Uhr: Paulos Geburtstag
Samstag: nachmittags Vater beim Einkauf helfen

Ein Zeitplan kann Mona helfen, ihre Arbeit besser zu übersehen. Da sie jeden Tag bis 13 Uhr Schule hat, macht sie sich für die Nachmittage einen genauen Plan und trägt dort alles ein, was diese Woche zu tun ist.

1. Trage in die folgende Übersicht ganz genau ein, was Mona diese Woche zu tun hat. Trage zuerst die fest vereinbarten Termine blau ein. Markiere dann die freien Zeiträume mit einem gelben Stift.

Uhrzeit	Montag	Dienstag	Mittwoch	Donnerstag	Freitag	Samstag	Sonntag
14.00							
15.00	*Diktat üben*	*Mathe lernen*	*Sport*			*einkaufen*	
16.00					*Paulos Geburtstag*		
17.00	*Zahnarzt*						
18.00							

2. Übertrage die Tabelle in dein Heft und erstelle deinen eigenen Zeitplan. Trage deine Termine für die kommende Woche ein. Markiere die freien Zeiträume gelb.

Aufgaben verstehen

Dieses Arbeitsheft enthält sehr viele Aufgaben. Beispielsweise sollst du Wörter in eine Tabelle **übertragen**, Schlüsselwörter in einem Text **unterstreichen** oder etwas im Wörterbuch **nachschlagen**.
Die Verben in der Aufgabenstellung zeigen dir, was du tun sollst. Ganz wichtig ist, dass du dir Zeit nimmst und die Aufgabenstellung genau liest.

1. Die folgenden Aufgaben stammen aus diesem Arbeitsheft. Nimm ein Lineal und einen Stift und unterstreiche in den Aufgabenstellungen die Verben.

Übertrage den Text in dein Heft.	Schlage im Wörterbuch nach.
Vergleiche deine beiden Ergebnisse.	Begründe deine Meinung.
Kreuze die richtige Lösung an.	Ergänze den Lückentext.

2. Kontrolliere mithilfe des Lösungsheftes, ob du die richtigen Verben unterstrichen hast.
3. In der Tabelle stehen die Bedeutungen der Verben. Ordne die Verben aus den Aufgabenstellungen der jeweiligen Bedeutung zu.

Bedeutung des Verbs	Verb
einen Text oder eine Tabelle, die im Arbeitsheft steht, ins Deutschheft schreiben	*übertragen*
sich in einem Wörterbuch oder Lexikon eine Auskunft holen	*nachschlagen*
etwas hinzufügen; zum Beispiel eine Liste oder einen Satz vervollständigen	*ergänzen*
etwas durch ein Kreuz hervorheben	*ankreuzen*
zu einer Sache Stellung nehmen, Gründe für oder gegen etwas finden	*begründen*
zeigen, wo die Unterschiede und die Gemeinsamkeiten liegen	*vergleichen*

Aufgaben sorgfältig bearbeiten

Es ist nicht immer ganz einfach, seine Aufgaben so zu erledigen, dass sie am Ende ordentlich und fehlerfrei im Heft stehen.

1. In der folgenden Checkliste sind schon einige Tipps für „sauberes Arbeiten" eingetragen.
Wenn dir noch etwas fehlt, kannst du dies auch noch ergänzen:

Checkliste:
1. den Schreibtisch aufräumen
2. deutlich und gut lesbar schreiben
3. Wichtiges mit einem Lineal unterstreichen
4. das Heft beschriften: Fach, Name, Klasse
5. Bleistifte und Farbstifte anspitzen
6. einzelne Arbeitsblätter und Schmuckblätter lochen und abheften
7. *(deine Tipps)* ____
8. ____
9. ____
10. ____

2. In deinem Arbeitsheft gibt es immer wieder Aufgaben, die du in deinem Deutschheft erledigen sollst. Gehe dabei folgendermaßen vor:

Arbeitsschritt	Beispiel
1. Übertrage die Überschrift des Lernkapitels in dein Heft und unterstreiche sie mit einem Lineal.	**Fledermäuse – einem Text Informationen entnehmen**
2. Schreibe die Aufgabe mit der Aufgabennummer auf.	**Aufgabe 3** Schreibe einen Text für die Schülerzeitung. Nutze die Informationen aus dem Text.
3. Nun kannst du mit deinem Text beginnen.	**Die Geschichte vom großen Mausohr** Eines Tages ...

Mit der Wörtersonne arbeiten – Ideen sammeln

Stelle dir vor, du planst deine Geburtstagsfeier. Wahrscheinlich schwirren dir dazu sehr viele Ideen im Kopf herum. Damit du nichts Wichtiges vergisst und deine Geburtstagsfeier ein voller Erfolg wird, ist es hilfreich, wenn du deine Gedanken und Ideen zunächst aufschreibst. Die Wörtersonne ist eine ideale Methode dafür:

1. Nimm dir ein DIN-A4-Blatt, lege es quer vor dich hin, schreibe den Begriff „Geburtstagsfeier" in die Mitte des Blattes und kreise ihn ein. Zeichne dann mit einem Lineal rund um den Kreis Linien (wie Sonnenstrahlen).

Beispiellösung:

2. Schreibe deine Ideen zum Thema rund um die Sonne ans Ende der Sonnenstrahlen.
3. Zeichne selbst eine Wörtersonne. Du kannst dir ein Thema dazu aussuchen.
Wenn dir keines einfällt, gibt es hier ein paar Anregungen. Du kannst dir eine davon aussuchen und in die Mitte der Wörtersonne eintragen: „Mein Lieblingsfilm" oder „Ein Tag im Freizeitpark", „Endlich Ferien", „Mein Berufswunsch".

Auch wenn du einen eigenen Text schreibst, ist es wichtig, dass du in einem ersten Schritt deine Ideen notierst. Die Wörtersonne hilft dir dabei. Lege sie beim Schreiben eines Textes neben dein Heft und behalte sie im Auge. Dann kannst du sicher sein, dass du an alles denkst, was dir wichtig ist.

Lesefertigkeit trainieren

Flüssig lesen können

Wie Lesen funktioniert

Lseen sotlle eingetlich nicht so schewr sein. Schleißilch haben es veile Meschnen schon gerelnt. Niemnad ist als Leseprofi geberon. Zurest lenrt das Gehrin jeedn einlzenen Bustchaben zu erelsen. Das Lseen ist deshlab noch müsham. Schon blad können dann merhere Bustchaben auf eimnal geelsen wedren. Und schleißilch erknent das Gehrin gazne Wötrer sofrot wieder. Es blidet schnell Vermutugnen darüber, wie ein Wrot hießen kötnne. Das Gehrin bestizt nälmich ein eigenes Wötrebuch, das tälgich dazulenrt. Der ertse und lettze Bustchabe reichen igrendwann, um ein Wrot zu erknenen. Und das Lseen funtkinoiert so immer schenller.

1. Lies den fehlerhaften Text so, dass du den Inhalt verstehst.

2. Warum lesen geübte Leser viel schneller als Leseanfänger? Schreibe deine Vermutung auf.

   Bei geübten Lesern erkennt das Gehirn die Wörter schnell wieder.

   Dafür reichen der erste und der letzte Buchstabe.

3. Lies auch den folgenden fehlerhaften Text.
   a) Ziehe sinnvolle Trennstriche an den Wortgrenzen.
   b) Übertrage den Text anschließend in richtiger Schreibweise in dein Heft.

   Ge übte|Le ser|nut zen|Wo rtbaust eine|und|dieWort gre nzen|al s|Erle sehil fe. Auch|die|großschrei bung|der|nom en|und|der|sat zanfänge|hi lft|dem|gehirn|die|wör ter|wie der zuer kennen.

   Lösung Aufgabe 3b:
   Geübte Leser nutzen Wortbausteine und die Wortgrenzen als Erlesehilfe. Auch die Großschreibung der Nomen und der Satzanfänge hilft dem Gehirn, die Wörter wiederzuerkennen.

In diesem Kapitel kannst du lernen, ...
- wie Lesen funktioniert.
- was du tun kannst, um deine Lesefertigkeit zu verbessern.
- worauf es beim Lesen ankommt.

Hinweis:
Für diese Trainingseinheit werden Stoppuhren benötigt.

Hier findest du heraus, was du schon kannst:

1. Prüfe nach, wie gut du schon lesen kannst:
   – Übe den folgenden Text vorher nicht. Versuche, flüssig und fehlerfrei zu lesen.
   – Suche dir einen Partner, der dir genau 30 Sekunden beim Lesen des Textes zuhört und dann „Stopp" sagt. Du kannst auch in deinem Smartphone den Countdown-Timer auf 30 Sekunden einstellen. Höre beim Alarm mit dem Lesen auf und markiere mit einem Strich die Stelle im Text.

Über das Lesen

Vielleicht hast du diese Beobachtung auch schon gemacht: Du sitzt an deinem Schreibtisch, liest in deinem Buch und merkst, dass du gar nicht konzentriert bist. Die Gedanken reisen durch die Gegend und sind überall, nur nicht beim Text. Man hat also Zeit verwendet, um etwas zu lesen, das man am Ende gar nicht verstanden hat. Sobald ich das bei mir bemerke, breche ich das Lesen ab. Wenn es mir wichtig ist, gehe ich einige Zeilen zurück.

Eine andere Entdeckung habe ich ebenfalls gemacht. Ich lese meinem kleinen Bruder abends häufiger eine Gutenachtgeschichte vor. Das macht mir Spaß, denn er bewundert mich für meine Lesekünste. Ich versuche dabei, immer gut betont zu lesen. Manchmal gelingt es mir sogar, meine Stimme zu verstellen. So hört es sich an, als würden die Personen in Wirklichkeit sprechen. Und ich bemerke dann, wie sich der Gesichtsausdruck meines Bruders verändert, weil er manche Stellen lustig oder spannend findet.

Bis zu welcher Stelle bist du gekommen? – Die Farbe zeigt dir, wie gut du schon bist und wo dein Lernweg weitergehen kann:
Vorstufe und Grundstufe Mittelstufe und Erweiterungsstufe

http://www.lernwege-deutsch.de/3

Laute lesen – tierische Robotersprache

1. Die Roboterkatze soll lesen lernen.
   a) Lies der Katze jeden Laut vor.

Selbstlaute (Vokale)	Zwielaute (Diphthonge)	Umlaute
a	eu	ä
e	äu	ö
i	ei	ü
o	au	
u		

   b) Lies auch diese Laute vor.

   Mitlaute (Konsonanten)

   l z g j h r x q w

   Diese Laute sind schwer zu unterscheiden:

   b p d t g k c
   s sch m n f v

   c) Die Roboterkatze soll Laute verbinden.
   Trage ein, was dir gefällt, und lies vor. **Beispiellösung:**

   b au *z i* *t a* *n eu*
   k ö *g e* *r u* *w ei*

Silben lesen in Robotersprache

1. Lies in Silben wie die Roboterkatze.

Gu – ten Tag! Ich hei – ße
Ro – ber – ti – na und bin ei – ne
mo – der – ne Haus – kat – ze.
Den Haus – halt mei – ner
Tier – freun – de ver – sor – ge
ich im Hand – um – dre – hen.
Mit mei – ner ein – ge – bau – ten
Wasch – ma – schi – ne las – sen
sich Klei – der pro – blem – los
wa – schen.

2. Die Roboterkatze war wieder fleißig. Was hat sie gewaschen?
   a) Lies in Silben.

   A – mei – sen – strumpf – ho – se
   Schmet – ter – lings – mi – ni – rock
   Wein – berg – schne – cken – hemd
   Eich – hörn – chen – pul – lo – ver
   Re – gen – wurm – blu – se

   b) Überlege dir selbst weitere Kleidungsstücke für Tiere. Schreibe sie in Silben in dein Heft.
   Beispiellösung:

~~Hunde-~~	*Hun – de – wes – te*	~~-weste~~
~~Katzen-~~	*Kat – zen – kra – wat – te*	~~-krawatte~~
~~Kaninchen-~~	*Ka – nin – chen – so – cke*	~~-socke~~
...-	*(deine Lösung)*	-...

http://www.lernwege-deutsch.de/4

Grundstufe

Wortteile wiedererkennen – den Bausteinen auf der Spur

1. Der Tierpfleger hat viel zu tun.
   a) Lies die Liste „Was ich tun muss".
   b) Kreise in den Wörtern die Wortbausteine mit Farbe ein.
   Beachte: Es gibt vorangestellte und nachgestellte Wortbausteine, also Anfangs- und Endbausteine.

Was ich tun muss:

Vorführung vorbereiten
Eingang aufschließen
Besucher begrüßen
Gehege ausmisten
Fütterung veranlassen
Stroh ausstreuen
Stall ausputzen
Bewässerung beauftragen

2. Lies die Liste aus Aufgabe 1 mehrmals, so schnell es geht, und stoppe die Zeit.

○ Runde 1 ______ ○ Runde 2 ______ ○ Runde 3 ______

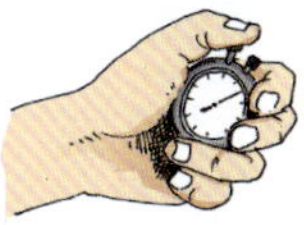

○ Mein persönlicher Rekord ________

Das ist mir beim Zeitvergleich aufgefallen:
Mein Lesetempo wurde schneller. [X] Ja [ ] Nein

3. Suche weitere Wörter mit den Wortbausteinen in der Lupe. Schreibe sie ins Heft.
(deine Lösung)

Grundstufe

Wortteile wiedererkennen – den Bausteinen auf der Spur

4. Trainiere deine Leseflüssigkeit.
   a) Runde 1: Lies zuerst die linke Spalte, so schnell es geht. Stoppe die Zeit. Trage den Wert ein.
   b) Lies die rechte Spalte mehrmals und trainiere damit dein Lesetempo.
   c) Runde 2: Lies nun die linke Spalte noch einmal so schnell, wie es geht, und stoppe die Zeit. Vergleiche deine beiden Ergebnisse.

○ Runde 1 ______

○ Runde 2 ______

Schneckenfutter	Schne cken fut ter
Zeckenfalle	Ze cken fal le
Giraffenflecken	Gi raf fen fle cken
Krallenaffenmutter	Kral len af fen mut ter
Brüllaffenkrawall	Brüll af fen kra wall
Schmetterlingsgeflatter	Schmet ter lings ge flat ter
Klapperschlangengeklapper	Klap per schlan gen ge klap per
Ringelnattergeschnatter	Rin gel nat ter ge schnat ter
Brillenbärengekletter	Bril len bä ren ge klet ter
Brillenblattnasengroßmutter	Bril len blatt na sen groß mut ter

Info:
Buchstaben, die häufig zusammen vorkommen, speichert das Gehirn als Wortteile ab. So kann es diese Wortteile sofort wiedererkennen und immer schneller verarbeiten.

Mittelstufe

Mitdenkend lesen – Wörter erraten

1. Im folgenden Text fehlen Wörter.
   a) Lies den Text ohne die fehlenden Wörter.
   b) Lies den Text noch einmal und fülle die Lücken sinnvoll.
   c) Wie geht die Geschichte zu Ende? Schreibe in dein Heft.

Der Hase und der Igel

~~an~~
~~Beine~~
~~anderen~~
~~eins~~
~~Mann~~
~~Morgen~~
~~sind~~
~~Ackers~~
~~schon~~

Es war einmal *an* einem schönen Sommermorgen. Der Igel ging voller Freude spazieren. Er traf einen Hasen und wünschte ihm freundlich einen guten *Morgen*. Der stolze Hase fragte: „Was machst du denn hier?" „Ich gehe spazieren", antwortete der Igel. „Spazieren? Mit so kurzen Beinen?", machte sich der Hase lustig. Darüber ärgerte sich der Igel sehr und sprach: „Meinst du, deine *Beine* sind besser?" Der Hase prahlte: „Daran besteht ja wohl kein Zweifel!" Der Igel erwiderte: „Meine Beine *sind* super. Ich wette, ich laufe schneller als du!" „Die Wette gilt", sagte der Hase, „in einer halben Stunde treffen wir uns am Acker." Der Igel rannte nach Hause und erklärte seiner Frau, was passiert war. Dann sagte er: „Hör dir meinen Plan an: Der Hase läuft in der einen Ackerfurche und ich in der *anderen*, so kann er mich nicht sehen. Du wartest am Ende meiner Ackerfurche. Sobald der Hase ankommt, rufst du schnell: „Ich bin schon hier!" Als es Zeit war, standen Hase und Igel am oberen Ende des *Ackers* nebeneinander. Der Igel zählte herunter: „Drei – zwei – *eins* – los!" Sofort rannte der Hase den Acker hinunter. Auf den Igel, der nur ein paar Schritte lief, achtete er bald nicht mehr. Als der Hase am Ziel ankam, stand dort die Igelfrau und rief: „Ich bin *schon* hier!" Der Hase wunderte sich, bemerkte aber nichts. Die Igelfrau sah genauso aus wie ihr *Mann*.

Info:
Mithilfe des Textzusammenhangs stellt das Gehirn eine Vermutung darüber auf, wie das folgende Wort heißen könnte. Damit gelingt das Lesen immer schneller.

Mittelstufe

Betont vorlesen – die Stimme verändern

1. Im folgenden Text wechseln sich Frosch und Fuchs bei der wörtlichen Rede ab. Kannst du die verschiedenen Stimmlagen nachahmen?

Der Fuchs und der Frosch

Ein durstiger Fuchs kommt zu einem Teich, um zu trinken. Doch ein Frosch auf einem Seerosenblatt irritiert ihn.
„Warum sitzt du hier herum?", fragt der Fuchs.
„Ich fange Fliegen!", antwortet der Frosch, „willst du eine probieren?" Der Fuchs lehnt ab: „Ich esse keine Fliegen!"
„Aber Fliegen sind doch lecker!", meint der Frosch.
„Schön, wenn es dir schmeckt!", ruft der Fuchs.
„Aber ich werde nie eine Fliege essen, verstanden?"
„Du musst nicht gleich schreien!", sagt der Frosch.
„Ich schreie nicht!", schreit der Fuchs.
„Habe ich dir etwas getan?", erkundigt sich der Frosch.
„Wenn du jetzt nicht mit deinem dummen Geschwätz aufhörst, dann fresse ich dich auf!", faucht der Fuchs.
„Das wird aber schwierig", ruft der Frosch, „du kannst sicher nicht schwimmen und ein Boot sehe ich hier nirgends."
„Was fällt dir ein?", brüllt der Fuchs.
„Bitte – schrei – nicht – so!", sagt der Frosch.
„Ich schreie nicht!", schreit der Fuchs, „und jetzt gib endlich Ruhe!" „Ich habe deine Ruhe nicht gestört", ruft der Frosch, „du allein hast geschrien."
Da brüllt der Fuchs: „NEIN! Ich halte es nicht mehr aus! Ich suche mir jetzt einen anderen Teich, um zu trinken. Und wenn ich wiederkomme, dann fresse ich dich auf!"
„Na gut, aber vergiss deine Schwimmweste nicht!", murmelt der Frosch dem Fuchs hinterher.

Das ist mir aufgefallen:
Wenn ich meine Stimme verändere, wirkt der Text lebendiger. [X] Ja [ ] Nein

Mitdenkend lesen – „Witze reparieren“

1. a) Lies den folgenden Witz, bei dem etwas durcheinandergeraten ist.
   b) Bringe den Witz in die richtige Reihenfolge. Schreibe ihn dann in dein Heft.

Ein Löwe läuft stolz durch den Dschungel.
Er trifft auf ein Zebra und brüllt: „Wer ist der König der Tiere?“

Das Zebra antwortet leise: „Na du, Löwe!“
Wenig später trifft er ein Erdmännchen.
„Wer ist der König der Tiere?“ „Na du, Löwe!“

Schließlich trifft er einen Elefanten: „Wer ist der König der Tiere?“ Der Elefant packt den Löwen mit seinem Rüssel und schüttelt ihn ordentlich durch.
Der Löwe wird ganz kleinlaut: „Man wird doch noch mal fragen dürfen.“

Das ist mir aufgefallen:

Um einen Text gut betont zu lesen, muss ich ihn verstehen.	[x] Ja	[ ] Nein
Wenn ich nicht zu schnell lese, verstehe ich den Text besser.	[x] Ja	[ ] Nein
Mit Sprechpausen wird mein Lesevortrag besser.	[x] Ja	[ ] Nein

2. a) Bring den folgenden Witz in eine sinnvolle Reihenfolge. Schreibe in dein Heft.
   b) Lies ihn gut betont vor.

Ein Mann besucht die Zoohandlung und möchte einen Eisbären. Der Verkäufer hat einen im Angebot und versichert dem Mann: „Der Eisbär ist sehr lieb und zahm. Nur ja nicht in die Nase kneifen!“

Zu Hause ist der Mann irgendwann doch neugierig und kneift den Eisbären in die Nase. Der Bär richtet sich auf, brüllt und verfolgt den Mann durch die ganze Wohnung.

Als der Mann nicht mehr rennen kann, haut ihn der Eisbär mit seiner Pfote: „Hab dich, du bist dran!“

Über den Leseprozess nachdenken

1. Lies folgenden Text leise für dich.

Stark wie ein Bulle mit Energydrinks

Energydrinks sind gerade bei der jungen Generation sehr beliebt. Sie gehören wie Cola zu den koffeinhaltigen Erfrischungsgetränken. Die Getränke enthalten neben Koffein oft noch Zutaten wie Taurin, Inosit und Glucoronolacton sowie jede Menge Zucker oder Süßstoffe. In vielen angebotenen Energydrinks sind auch Pflanzenextrakte wie Mate oder Guarana enthalten. Das süß schmeckende Myo-Inositol, das sich ebenfalls oft auf der Zutatenliste findet, soll angeblich die Gedächtnisleistung und Fettverbrennung steigern. Die Werbung verspricht auch, dass die Drinks bullenstark machen und neue Energie spenden. Experten sehen das anders. Tatsächlich bewirken die Drinks Unruhe, Reizbarkeit und Konzentrationsschwierigkeiten. Empfindliche Personen können sogar unter Herzrasen und Schwindel leiden.

a) Unterstreiche die schwierig zu lesenden Wörter.
b) Versuche, den gesamten Text laut und fehlerfrei vorzulesen.

Das ist mir aufgefallen:
Sobald ein unbekanntes Wort auftaucht, wird meine Lesegeschwindigkeit langsamer. [x] Ja [ ] Nein

Info:
Wenn wir konzentriert sind, überwacht unser Gehirn, was und wie wir lesen. Stellt es fest, dass Wörter unbekannt sind, gibt es meist den Befehl, langsamer und genauer zu lesen.

Allerlei über Fledermäuse

Texten Informationen entnehmen

Überschrift: *Eine Fledermausnacht*

Auch in diesem Jahr findet wieder eine Fledermausnacht statt. Jedes Jahr laden Naturschützer Kinder und Erwachsene dazu ein. Man kann viel über Fledermäuse erfahren. In Deutschland leben 24 Fledermausarten. Abends und nachts werden bei Wanderungen Fledermäuse beobachtet und belauscht. Dazu braucht man in der Dunkelheit Nachtsichtgeräte.

1. Notiere in Sätzen, was du schon alles über Fledermäuse weißt:
   (deine Lösung)

2. Lies den Text. Welche Überschrift passt? Kreuze an. Trage die Überschrift über dem Text ein.
   - [x] Eine Fledermausnacht
   - [ ] Fledermausarten in Deutschland

3. a) Lies den Text noch einmal.
   b) Beantworte die Fragen und schreibe die Antworten auf die Schreiblinien.
   Wer lädt zur Fledermausnacht ein? *Naturschützer laden ein.*
   Wie viele Fledermausarten gibt es in Deutschland?
   Es gibt 24 Fledermausarten in Deutschland.
   c) Unterstreiche die Antworten im Text.

In diesem Kapitel kannst du lernen, ...

- dein eigenes Wissen auf den Text zu beziehen.
- Fragen an einen Text zu stellen und zu beantworten.
- Texten Informationen zu entnehmen.
- Abschnitten im Text Überschriften zu geben.
- Informationen aus dem Text zusammenzufassen.

Hier findest du heraus, was du schon kannst:

Alles zum Schutz der Fledermäuse

Alle Fledermäuse in Deutschland stehen unter Naturschutz. Die Fledermäuse dürfen nicht gestört oder gefangen werden. Ihre Lebensräume müssen erhalten werden. Für den richtigen Schutz der Fledermäuse muss man sich gut über ihre Eigenschaften und ihre Lebensweise informieren. Jedes Jahr veranstaltet daher der Naturschutzbund an vielen Orten eine Fledermausnacht. Immer am letzten Wochenende im August treffen sich Fledermausschützer und laden zu vielen Aktionen rund um das Thema Fledermaus ein. In Vorträgen und Filmen wird über Fledermäuse berichtet. Bei einer Nachtwanderung sucht man Lebensräume der Fledermäuse auf und kann sie mit etwas Glück auch beobachten. Nicht nur in Deutschland, sondern auf der ganzen Welt sollen Fledermäuse geschützt werden. Seit 2001 gibt es sogar eine eigene Organisation für Fledermäuse bei der UNO.

1. Lies die Überschrift. Worum geht es in dem Text? Kreuze an.
   - [ ] um die Lebensweise von Fledermäusen
   - [x] um den Schutz von Fledermäusen
2. Lies den Text genau. Unterstreiche wichtige Informationen.
3. Beantworte folgende Fragen in ganzen Sätzen. Schreibe in dein Heft.
   a) Was darf man mit Fledermäusen nicht machen?
   Fledermäuse dürfen nicht gestört oder gefangen werden.
   b) Wann findet die Fledermausnacht statt?
   Die Fledermausnacht findet immer am letzten Wochenende im August statt.

Fledermäuse – Besonderheiten kennenlernen

1. Welche Merkmale hat eine Fledermaus?
Verbinde die Fotos durch eine Linie mit den richtigen Wörtern in der Wörterbox.
Hilfe: Eine Linie ist schon vorgegeben.

Krallen spitze Eckzähne Fell Flughaut

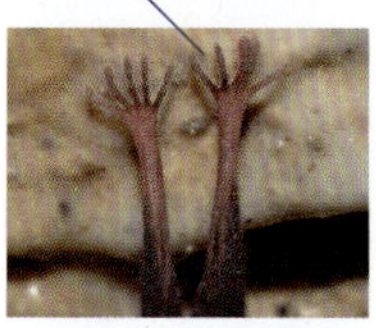

2. a) Trage die richtigen Wörter aus der Wörterbox in den Lückentext ein.

~~eine Flughaut~~ ~~Fell~~ ~~spitze Eckzähne~~ ~~Krallen~~

Eine Fledermaus kann fliegen. Sie hat zwischen den Fingern *eine Flughaut*. Sie hat keine Federn wie ein Vogel. Ihr Körper ist mit *Fell* bedeckt. Sie besitzt *spitze Eckzähne*, mit denen sie gut beißen kann. Ihre Finger haben *Krallen*. Die Fledermaus kann sich damit gut festhalten.

b) Schreibe den Text in dein Heft.

Die Nahrung heimischer Fledermäuse

1. a) Was fressen Fledermäuse in Deutschland? Im Kasten sind 5 Wörter versteckt. Sie können waagrecht oder senkrecht stehen. Markiere sie farbig.

K	P	**M**	**Ü**	**C**	**K**	**E**	P	Ö	M
A	B	C	D	E	F	G	H	I	J
K	**F**	**A**	**L**	**T**	**E**	**R**	L	M	**F**
O	P	Q	R	S	T	U	V	X	**L**
Y	Z	**K**	**Ä**	**F**	**E**	**R**	A	B	**I**
D	E	F	G	H	I	J	K	L	**E**
N	O	P	Q	R	S	T	U	V	**G**
X	Y	Z	**S**	**P**	**I**	**N**	**N**	**E**	**E**
A	B	C	D	E	F	G	H	I	J
K	L	M	N	O	P	Q	R	S	T

b) Schreibe die richtigen Wörter unter die Fotos.
Achtung: Am Wortanfang großschreiben!

Spinne

Falter

Fliege

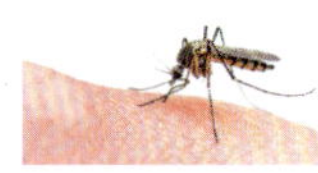

Mücke

Käfer

Fledermäuse – Schlüsselwörter finden

Fliegende Säugetiere

Fledermäuse sind eine ganz besondere Tierart. Der Körper der Fledermäuse ist mit seidigem Fell aus kurzen Haaren bedeckt.

Körperbau der Fledermaus

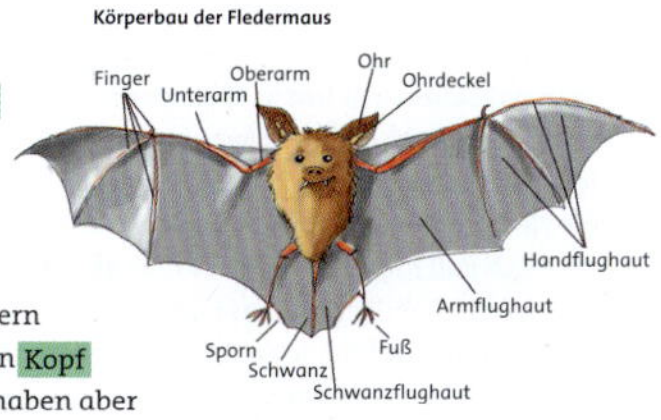

Nur auf den ersten Blick erinnern Fledermäuse mit ihrem kleinen Kopf an Mäuse. Die meisten Arten haben aber auffällig spitze Ohren und nur einen ganz kleinen Schwanz oder gar keinen.

Bei den Fledermäusen sind die Hände zu Flügeln ausgebildet. Die Hände haben sehr lange Finger, zwischen denen Haut gespannt ist. Diese Flughaut reicht bis zu den Füßen und dem Schwanz. Die Fledermäuse bewegen die Arme schnell auf und ab und können mithilfe der Flughaut fliegen.

Fledermäuse gehören wie wir Menschen zu den Säugetieren. Sie bringen lebende Junge zur Welt, die von der Mutter mit Milch gesäugt werden. Bei den meisten Fledermausarten wird nur ein Junges pro Jahr geboren, nur ganz selten zwei.

1. Lies den Text langsam und genau.

Info
Im ersten Abschnitt ist eine wichtige Information markiert. Dieses Wort nennt man Schlüsselwort. Wenn man dieses Wort liest, wird einem wie mit einem Schlüssel „erschlossen", worum es in dem Abschnitt hauptsächlich geht.

2. Worum geht es im ersten Abschnitt? Schreibe einen Satz und nutze das Schlüsselwort.

Im ersten Absatz geht es um den Körper der Fledermaus.

3. Worum geht es im zweiten bis vierten Abschnitt?
Markiere je ein Schlüsselwort im zweiten bis vierten Abschnitt.

Fledermäuse – Fragen an den Text stellen

Kopfüber schlafen

Fledermauskinder können von Geburt an mit dem Kopf nach unten hängen. Sie sind dafür besonders ausgerüstet: Die Sehnen und Knochen an den Füßen rasten ein, wenn die Tiere sich irgendwo anhängen. Sie benötigen für das Festhalten keine Muskelkraft. Wenn sie die Verankerung wieder lösen wollen, müssen sie die Muskeln bewegen. Auf diese Weise können Fledermäuse nicht aus Versehen im Schlaf herunterfallen. Auch erwachsene Fledermäuse schlafen mit dem Kopf nach unten.

Wenn es im Winter keine Nahrung mehr gibt, halten Fledermäuse Winterschlaf. In Kellern, Höhlen oder alten Gebäuden schlafen sie und leben von ihren Fettreserven. Und natürlich hängen sie kopfüber!

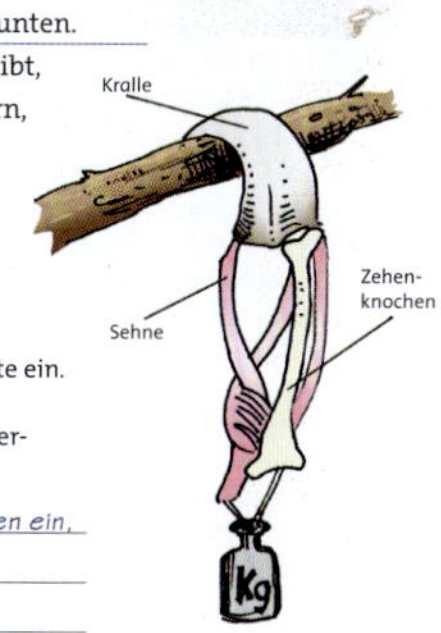

1 a) Unterstreiche im Text Schlüsselwörter.
b) Teile den Text durch einen Strich in Abschnitte ein.

2. Beantworte die Frage: Was passiert, wenn Fledermäuse sich festhalten wollen? Schreibe auf.

Die Sehnen und Knochen an den Füßen rasten ein, wenn Fledermäuse sich festhalten wollen.

3. Stelle drei weitere W-Fragen zum Text und beantworte sie. Arbeite im Heft.

Beispiellösung:
Was benötigen Fledermäuse nicht zum Festhalten?
Sie benötigen keine Muskelkraft.

Wer? Was? Womit? Wie? Warum? Wovon? Wo? Wann?

Mittelstufe

Fledermäuse – dem Text Informationen entnehmen I

Fledermäuse leben gefährlich

Seit 1950 hat sich die Anzahl der Fledermäuse in Deutschland sehr verringert. Fledermäuse haben nur wenige natürliche Feinde. Dennoch leben sie gefährlich. Fledermäuse brauchen zum Überleben eine abwechslungsreiche Landschaft mit Bächen, Wiesen, Wäldern, Gärten und Siedlungen. Diese Landschaft gibt es nur noch selten. Daher finden Fledermäuse oft nicht mehr genug Nahrung. Außerdem gibt es immer weniger alte, hohle Bäume, in denen Fledermäuse wohnen können. Früher wohnten Fledermäuse auch in Kirchtürmen oder auf Dachböden in alten Häusern. Heute werden aber alte Gebäude oft abgerissen. Dächer werden häufig so repariert, dass die Fledermäuse nicht mehr hineinfliegen können. Leider werden auch immer wieder Fledermäuse getötet, weil man sie für gefährlich hält. Viele Fledermäuse sterben außerdem durch Gifte. Manche Dächer sind mit Holzschutzmitteln bearbeitet, die die Fledermäuse nicht vertragen. In der Landwirtschaft werden Schädlinge mit Mitteln bekämpft, die für Fledermäuse ebenfalls auf Dauer schädlich sind.

1. Lies den Text.
2. Suche im Text gezielt nach Gründen, warum Fledermäuse gefährdet sind. Unterstreiche diese Gründe.
3. Schreibe in Sätzen die Gründe auf, warum Fledermäuse sterben können.

Fledermäuse finden oft nicht mehr genug Nahrung.
Fledermäuse können heute nicht mehr so gut in hohen Bäumen, Kirchtürmen und alten Dächern wohnen.
Fledermäuse werden getötet, weil man sie für gefährlich hält.
Fledermäuse sterben an Giften, die z. B. in der Landwirtschaft eingesetzt werden.

Mittelstufe

Fledermäuse – Abschnitten Überschriften geben

Das Leben der Fledermaus im Verlauf des Jahres

Das Leben der Fledermäuse richtet sich nach den Jahreszeiten. Die Fledermäuse wechseln über das Jahr ihre Unterkünfte. In kühleren Gegenden finden Fledermäuse im Winter nicht genügend Nahrung. Sie ziehen sich daher zurück und halten Winterschlaf.

Überschrift: *Leben nach Jahreszeiten*

Im Frühjahr wachen die Fledermäuse auf und verbringen ihre Zeit zunächst mit dem Jagen und Fressen von Insekten. Weibchen und Männchen trennen sich und besiedeln unterschiedliche Wohnräume. Die trächtigen Weibchen suchen sichere, warme Orte, an denen sie gemeinsam leben können. In diesen sogenannten Wochenstuben bringen sie ihre Jungen zur Welt und versorgen sie auch gemeinsam.

Überschrift: *Geburt junger Fledermäuse*

Im Sommer werden die Jungen rund acht Wochen lang aufgezogen. Wenn sie selbstständig sind, verlassen die Fledermäuse die Wochenstuben.

Überschrift: *Aufzucht der Jungen*

Ende des Sommers oder im Herbst treffen sich Weibchen und Männchen wieder und paaren sich. Gemeinsam suchen sie am Ende des Herbstes nach Plätzen, die geeignet sind für den Winterschlaf.

Überschrift: *Paarung und Suche nach Plätzen für den Winterschlaf*

1. Lies den Text genau. Unterstreiche die Schlüsselwörter in den Abschnitten ab Zeile 7.
2. Finde Überschriften für diese Abschnitte des Textes.
3. Trage auf dem Zeitstrahl ein, was die Fledermäuse das Jahr über machen.

Winterschlaf	*Geburt der Jungen*	*Aufzucht der Jungen*	*Paarung der Fledermäuse*

Erweiterungsstufe

Fledermäuse – dem Text Informationen entnehmen II

In dieser Wohnung leben 500 Fledermäuse

Fledermäuse im Dachgeschoss

Als immer mehr Tiere der Art „Großes Mausohr" einzogen, zog der menschliche Mieter der Wohnung aus. Jetzt zahlen Naturschützer die Miete – für ein ganz und gar „fledermausgerechtes" Dachgeschoss. […] Mehr als 500 Große Mausohren leben im alten Pfarrhaus der evangelischen Kirchengemeinde in Eitorf im Rhein-Sieg-Kreis. Alle Tiere sind Weibchen, die in Kürze hier ihre Jungen zur Welt bringen und aufziehen werden. Die sogenannte Wochenstube in Eitorf ist eine der größten Fledermausquartiere in Deutschland.

Vor etwa sechs Jahren hatten Dachdecker bei Arbeiten im Haus Fledermauskot gefunden. Heidrun Brieskorn und ihr mittlerweile verstorbener Mann vom BUND-Arbeitskreis Mittlere Sieg forschten nach – und stellten fest, dass sich zahlreiche Fledermäuse der Art Großes Mausohr unter den Ziegeln eingenistet hatten. Dem damaligen Mieter der Dachgeschosswohnung wurde das irgendwann zu viel: Er zog aus – und stattdessen zogen bald noch viel mehr Fledermäuse ein.

Vor vier Jahren mietete der Naturschutzbund (Nabu) die Wohnung an. Mit Geldern der NRW-Stiftung machten sich die Tierschützer ans Werk und bauten die Räume fledermausgerecht um. So wurden Fenster verdunkelt, zusätzliche Ritzen zum Verstecken geschaffen und Bretter zum Anhängen angebracht. […]

1. Lies den Text langsam und genau.
2. Kreuze an: richtig oder falsch?

	richtig	falsch
Das „Große Mausohr" ist eine Fledermaus.	✗	
Das Haus für die Fledermäuse wurde neu gebaut.		✗
Im alten Pfarrhaus leben mehr als 500 Fledermäuse.	✗	
Die Naturschützer bekamen das Haus geschenkt.		✗

3. Schreibe einen kurzen Text für die Schülerzeitung in dein Heft: „Eine Wohnung für Fledermäuse".
(deine Lösung)

Erweiterungsstufe

Fledermäuse – Informationen zusammenfassen

Erste Hilfe für Fledermäuse

Schwache oder verletzte Fledermäuse brauchen Hilfe. Wenn man eine Fledermaus findet, sollte man sich erst einmal Handschuhe besorgen, denn die kleinen Tiere haben sehr spitze Zähne. Wenn man im Winter eine Fledermaus findet, sollte man vorsichtig prüfen, ob sie sich kalt anfühlt. Dann befindet sich die Fledermaus wahrscheinlich in einer Kältestarre. Sie ist im Winterschlaf und sollte nicht geweckt werden. Am besten legt man sie draußen an einen sicheren Ort.

Fledermäusen mit offenen Wunden oder Brüchen kann nur der Tierarzt helfen. Man besorgt sich einen Schuhkarton oder eine andere Schachtel und hebt die Fledermaus vorsichtig hinein. Man kann sie auch mit einem Tuch in den Karton legen. In den Deckel des Kartons macht man Luftlöcher. Der Karton muss für den Transport gut verschlossen werden, denn Fledermäuse sind kleine Ausbruchskünstler.

Wenn man eine Fledermaus gefunden hat und unsicher ist, was man machen soll, informiert man am besten den Naturschutzbund. Dort ist immer jemand, der weiß, was zu tun ist.

2. Stelle mindestens drei W-Fragen zum Text. Beantworte die Fragen im Heft.
Beispiellösung: *Warum soll man sich Handschuhe besorgen, bevor man eine Fledermaus berührt?*
Mit Handschuhen schützt man sich vor Verletzungen, denn Fledermäuse haben sehr spitze Zähne.
3. Schreibe einen kleinen Text mit 3 bis 4 Sätzen in dein Heft: „Wie man eine Fledermaus retten kann."
Beispiellösung: *Wenn man eine Fledermaus retten will, muss man sehr vorsichtig sein. Ist sie kalt, hält sie wahrscheinlich gerade Winterschlaf und darf nicht geweckt werden. Wenn sie verletzt ist, sollte man sie vorsichtig in einer Schachtel zum Tierarzt bringen.*

Wir wollen einen Klassenhund

Meinungen äußern und begründen

1. Was findest du an Hunden gut? Schreibe drei Sätze auf.

Beispiellösung:
Man kann mit Hunden gut spielen. Mit Hunden kann man kuscheln.
Hunde können richtige Freunde sein.

2. Hunde sind nicht nur Haustiere. Viele Hunde arbeiten auch mit Menschen zusammen.
a) Beschreibe, was die Hunde auf den Bildern machen.

Ein Hütehund hält eine Schafherde zusammen.
Ein Jagdhund bringt ein totes Tier.
Ein Blindenhund führt einen blinden Menschen.

b) Suche dir zwei Aufgaben aus, die Hunde noch erfüllen können.

Wachhunde bewachen das Haus.
Rettungshunde suchen verschüttete Menschen.

3. Man hört immer wieder, dass Kinder bereits im Kindergarten den Umgang mit Hunden lernen sollten. Wie siehst du das? Begründe deine Meinung:

Beispiellösung:
Ich finde es auch gut, wenn man als Kind den Umgang mit Hunden lernt.
Manche Kinder haben Angst vor Hunden.
Sie wissen dann nicht genau, wie man mit Hunden umgehen muss.
Wenn die Kinder die Hunde streicheln dürfen, verlieren sie ihre Angst.

In diesem Kapitel kannst du lernen, ...
- wie du Wünsche und Meinungen äußern kannst.
- wie du Meinungen erkennst und verstehst.
- wie man Begründungen erkennt und formuliert.
- wie man die eigene Meinung begründet.
- wie man in einem Brief andere von seiner Meinung überzeugen kann.

Hier findest du heraus, was du schon kannst:

1. Stelle dir vor, du hast einen Hund. Was möchtest du mit ihm machen? Schreibe drei Wünsche auf.

Beispiellösung:
Ich möchte mit dem Hund schmusen. Ich will, dass der Hund auf Zuruf kommt.
Ich will mit dem Hund in die Hundeschule gehen.

2. Markiere im folgenden Text alle Begründungen.

In der Hundeschule

Viele Hundebesitzer gehen mit ihrem Hund in die Hundeschule, weil sie dem Hund Gehorsam beibringen wollen. In der Hundeschule dürfen die Hunde erst spielen, weil sie sich kennenlernen sollen. Dies ist wichtig, weil die Hunde sich wohlfühlen sollen. Um die Hundewiese gibt es Zäune, weil die jungen Hunde sonst weglaufen würden. Manche Hunde können sich nicht leiden und bellen sich an. Vielen Hunden macht die Hundeschule Spaß, denn sie lernen gern. Es ist auch gut für sie, mit anderen Hunden zusammen zu sein. Zuerst lernen die Hunde, aufmerksam zu sein, weil sie nur dann auf ihr Herrchen oder Frauchen achten. Die Hundetrainer arbeiten mit Belohnungen für die Hunde, weil sie so gut lernen. Hat ein Hund etwas richtig gemacht, bekommt er ein Leckerchen oder er wird gestreichelt.

Wortschatz: Aufgaben von Hunden

Das alles können Hunde

Hütehund *Jagdhund* *Blindenhund* *Wachhund* *Schlittenhund* *Rettungshund*

1. Schreibe die richtigen Bezeichnungen für die Hunde zu den Bildern.
Hilfe:
Ein **Jagdhund** hilft bei der Jagd, Spuren von Tieren zu finden.
Ein **Hütehund** hält eine Herde zusammen.
Ein **Rettungshund** sucht vermisste Personen.
Ein **Blindenhund** begleitet blinde Menschen.
Ein **Schlittenhund** zieht Schlitten.
Ein **Wachhund** bewacht Häuser und Grundstücke.

2. Hier fehlen die Verben. Schreibe die Sätze mit den passenden Verben ins Heft.
Die Verben stehen in der Wörterbox.

Der Jagdhund *jagt* wilde Tiere.
Der Schlittenhund *zieht* einen Schlitten.
Der Wachhund *bewacht* einen Bauernhof.

jagen:
ich jage – ~~er jagt~~
ziehen:
ich ziehe – ~~er zieht~~
bewachen:
ich bewache – er ~~bewacht~~

Wortschatz: Wünsche und Meinungen äußern

die Schildkröte *das Meerschweinchen* *der Kanarienvogel*
die Katze *der Hamster* *(dein Tier)*

1. a) Schreibe die Namen der Tiere mit Artikel unter die Bilder.
b) Hast du auch ein Haustier? Male es auf.
c) Welche Haustiere wünschst du dir? Schreibe auf.
Beispiel: *Ich wünsche mir ...*

Ich möchte gern ein Haustier.

Beispiellösung:
Ich wünsche mir einen Papagei. Ich will unbedingt eine Katze haben.
Ich möchte gern einen Hamster.

Info:
Wünsche drückt man so aus:
Ich möchte ... Ich wünsche mir ...
Ich will ...
Der Ausdruck „ich möchte" ist höflicher als „ich will".

2. Warum möchtest du ein Haustier haben? Begründe deine Meinung.

Beispiellösung:
Ich möchte eine Katze haben, weil ich sie streicheln kann. Ich möchte ein Pferd, weil ich gern reite. Ich möchte einen Kanarienvogel, weil er singen kann.

Grundstufe

Einen Hund anschaffen? – Meinungen zuordnen

1. Was spricht für die Anschaffung eines Hundes, was spricht dagegen? Trage die Meinungen in die richtige Spalte der Tabelle unten ein.

Ein Hund kann gefährlich sein. | Ein Hund kann einen beschützen. | Es ist schön, einem Hund etwas beizubringen. | Mit einem Hund ist man viel an der frischen Luft. | Man braucht viel Zeit für einen Hund. | Ein Hund kostet viel Geld. | Ein Hund macht Schmutz. | Im Umgang mit einem Hund lernt man viel.

Das spricht für die Anschaffung eines Hundes	Das spricht gegen die Anschaffung eines Hundes
Es ist schön, einem Hund etwas beizubringen.	*Ein Hund kann gefährlich sein.*
Mit einem Hund ist man viel an der frischen Luft.	*Ein Hund kostet viel Geld.*
Ein Hund kann einen beschützen.	*Man braucht viel Zeit für einen Hund.*
Im Umgang mit einem Hund lernt man viel.	*Ein Hund macht Schmutz.*

2. Suche weitere Gründe. Schreibe sie in dein Heft.

(deine Lösung)

Grundstufe

Hund im Klassenzimmer – Begründungen formulieren

1. Warum ist es gut, einen Schulhund im Klassenzimmer zu haben? Verbinde die Satzteile mit einer Linie so, dass richtige Begründungen entstehen.

Info:
Begründungen werden oft mit **weil** oder **denn** eingeleitet.

Im Klassenzimmer ist es mit einem Schulhund leiser,	weil das den Hund stören würde.
Wir müssen ganz deutlich sprechen,	weil der Schulhund ganz lieb und kinderfreundlich ist.
Wir rennen nicht im Klassenzimmer herum,	weil der Hund keinen Lärm verträgt.
Ängstliche Kinder verlieren ihre Angst vor Hunden,	weil wir den Hund füttern und uns um ihn kümmern müssen.
Wir lernen, Verantwortung zu übernehmen,	weil der Hund sonst unsere Befehle nicht versteht.

2. Schreibe die richtigen, vollständigen Sätze auf.

Im Klassenzimmer ist es mit einem Schulhund leiser, weil der Hund keinen Lärm verträgt.
Wir müssen ganz deutlich sprechen, weil der Hund sonst unsere Befehle nicht versteht.
Wir rennen nicht im Klassenzimmer herum, weil das den Hund stören würde.
Ängstliche Kinder verlieren ihre Angst vor Hunden, weil der Schulhund ganz lieb und kinderfreundlich ist.
Wir lernen, Verantwortung zu übernehmen, weil wir den Hund füttern und uns um ihn kümmern müssen.

Mittelstufe

Begründungen aus einem Text heraussuchen

Schule mit Klassenhund

Eine Schule in Freiburg hat sich für den Einsatz eines Schulhundes im Unterricht entschlossen. Der Hund besucht mit seinem Frauchen alle zwei Wochen den Unterricht.
Der Umgang mit dem Hund macht den Schülerinnen und Schülern viel Freude. Die Eltern und die Schülerinnen und Schüler hatten sich für einen Schulhund entschieden, weil es in manchen Klassen im Unterricht immer so laut war. Seit der Hund mit im Unterricht ist, ist es viel ruhiger. Manche Kinder haben jetzt auch keine Angst mehr vor Hunden, weil sie gelernt haben, mit dem Hund umzugehen. Unruhige Kinder sind ruhiger geworden, denn man stört den Hund, wenn man herumrennt. Mit dem Hund muss man ganz ruhig und deutlich sprechen, weil er sonst die Befehle nicht versteht. Mit Schulhund im Klassenzimmer müssen viele Regeln eingehalten werden, denn sonst ist der Hund verstört. Die Lehrerinnen und Lehrer finden den Unterricht insgesamt besser, weil die Schülerinnen und Schüler besser aufpassen.

1. Unterstreiche mit einem Lineal im Text die Gründe dafür, warum die Schule in Freiburg den Unterricht mit einem Schulhund gut findet.

2. Schreibe die Gründe auf, die du im Text gefunden hast.
Hilfe: Beginne immer mit: Ein Klassenhund ist gut, weil ...

Ein Klassenhund ist gut, weil der Umgang mit dem Hund den Schülerinnen und Schülern viel Freude macht.
Ein Klassenhund ist gut, weil es mit ihm im Unterricht viel ruhiger ist.
Ein Klassenhund ist gut, weil die ängstlichen Kinder durch den Umgang mit dem Hund jetzt keine Angst mehr haben.
Ein Klassenhund ist gut, weil unruhige Kinder ruhiger geworden sind.
Ein Klassenhund ist gut, weil im Klassenzimmer viele Regeln eingehalten werden müssen.
Ein Klassenhund ist gut, weil die Schülerinnen und Schüler besser aufpassen.

Mittelstufe

Nicht jeder Hund kann Schulhund werden – Begründungen formulieren

Welcher Hund eignet sich?

Ein Reporter der Freiburger Nachrichten interviewte zwei Schüler der Klasse, in der ein Schulhund im Unterricht anwesend ist.

Reporter: Wie ist denn eure Erfahrung? Kann man jeden Hund mit in die Schule nehmen?
Karim: Nein, auf keinen Fall. Der Hund muss ausgebildet sein. Der Hund von Frau Seiffert ist ausgebildet.
Reporter: Viele Hunde besuchen doch die Hundeschule. Ist das ausreichend?
Karim: Nein, der Hund von Frau Seiffert hat eine spezielle Ausbildung. Er hat den Umgang mit Schulkindern gelernt.
Sonja: Der Hund muss auch bestimmte Eigenschaften haben. Er darf nicht ängstlich sein.
Karim: Ja, und er darf auch nicht so empfindlich sein. Manchmal stoßen wir ihn aus Versehen. Manche Kinder gehen auch nicht sanft genug mit dem Hund um.
Reporter: Und der Hund ist den ganzen Morgen im Unterricht?
Sonja: Ja, der Hund muss den ganzen Morgen über ruhig sein. Er muss also auch sehr geduldig sein.
Karim: Unserem Schulhund macht auch der Lärm nichts aus.
Sonja: Ich glaube, Pancho – so heißt der Hund – spielt auch gern. Er weiß, dass er von uns mit Spielen belohnt wird, wenn er brav war.

1. Unterstreiche im Interview Textstellen, die angeben, welche Eigenschaften ein Schulhund haben muss.

2. Schreibe eine Suchanzeige für einen Klassenhund ins Heft. Schreibe in die Anzeige hinein, welche Eigenschaften der gesuchte Hund haben muss, und gib Gründe dafür an.

Lösung Aufgabe 2

Hund gesucht, der als Schulhund geeignet ist

Unsere Klasse sucht einen Hund, der an unserem Unterricht teilnehmen kann. Wir brauchen einen Hund, der geduldig ist, denn er muss den ganzen Morgen im Unterricht ruhig sein. Der Hund braucht eine spezielle Ausbildung, weil eine Ausbildung in der Hundeschule nicht reicht. Der Hund muss den Umgang mit Kindern gelernt haben, denn manche Kinder gehen nicht sanft mit ihm um. Der Hund darf nicht ängstlich sein, weil Kinder ihn manchmal aus Versehen stoßen. Der Hund darf nicht empfindlich auf Lärm reagieren, weil es in der Schule manchmal laut ist.
Wenn Sie Besitzer eines Hundes mit diesen Eigenschaften sind und uns unterstützen möchten, dann melden Sie sich bitte bei ...

In einem Brief Meinungen begründen

Die Klasse 5 hätte gern einen Schulhund. Sie schreibt daher einen Brief an die Schulleiterin Frau Bussmann. Die Einleitung und der Schluss sind schon fertig, der Hauptteil ist noch unvollständig.

Hannover, den 10.1.20xx Sehr geehrte Frau Bussmann, in unserer Klasse ist der Wunsch entstanden, einen Schulhund für den Unterricht zu beantragen. Wir haben mit unseren Eltern gesprochen und sie wollen uns unterstützen.	Einleitung
Wir sind der Meinung, dass ein Schulhund wirklich gut für unsere Klasse wäre, weil …	Hauptteil
Es wäre nett, wenn Sie uns einen Klassenhund erlauben würden. Bitte geben Sie uns möglichst bald eine Antwort. Mit freundlichen Grüßen Ihre Klasse 5	Schluss

Beispiellösung Aufgabe 1:

Beispiellösung Aufgabe 2:
Wir sind der Meinung, dass ein Schulhund wirklich gut für unsere Klasse wäre, weil der Umgang mit ihm den Kindern viel Freude macht. Außerdem ist es mit einem Hund im Unterricht viel leiser, weil der Hund keinen Lärm verträgt. Es stört ihn auch, wenn man im Klassenzimmer herumrennt. Ängstliche Kinder lernen durch den täglichen Umgang mit dem Hund, dass sie keine Angst vor ihm haben müssen. Darüber hinaus lernen alle Schüler, Verantwortung zu übernehmen, weil sie sich um den Hund kümmern und ihm Futter geben müssen. Durch einen Hund lernt man auch, ruhig und deutlich zu sprechen, weil der Hund sonst die Befehle nicht versteht.

Einen Brief überarbeiten

Die Kinder einer Klasse aus der Schule im Nachbarort haben von der Idee mit dem Klassenhund gehört und sind begeistert. Sie möchten auch einen Klassenhund. Sofort schreiben sie einen Brief an ihren Schulleiter. Dieser gibt der Klasse den Brief wieder zurück, weil er zu unhöflich formuliert war.

Offenburg, den 15.1.20xx
Lieber Herr Schmid,
unsere Klasse will auf jeden Fall einen Schulhund! Sie müssen unbedingt zustimmen! ~~Viele in unserer Klasse wünschen sich schon lange einen eigenen Hund. Maja hat einen Terrier. Der springt immer alle an. Jörg hat einen Australischen Schäferhund. Den finden manche aus unserer Klasse so hübsch mit dem langen Fell. Er hat ein blaues Auge und ein braunes.~~
Wir beantragen einen Schulhund. Es ist immer so laut im Unterricht. Immer schreit jemand herum! Manche Schüler stehen auch einfach auf, wenn sie mit einer Aufgabe fertig sind. Mit Hund wäre das besser. Anja hat auch große Angst vor Hunden. Wir könnten ihr ja beibringen, den Hund zu füttern. Antworten Sie schnell!
Viele Grüße, Ihre Klasse 5

Lieber Herr Schmid,
unsere Klasse möchte sich einen Schulhund anschaffen. Dafür bitten wir um Ihre Zustimmung.
Ein Schulhund wäre aus folgenden Gründen gut:
1. Man muss sich an bestimmte Regeln halten.
2. Der Unterricht wird insgesamt ruhiger und besser.
3. Manche Kinder verlieren ihre Angst vor Hunden.
Bitte geben Sie uns möglichst bald Bescheid. Danke.
Viele Grüße
Ihre Klasse 5

1. Unterstreiche die Stellen, die der Schulleiter wohl unhöflich findet.
2. Verbessere den Brief.
   a) Streiche Überflüssiges!
   b) Verändere Formulierungen, die dir nicht gefallen oder die nicht passend sind. Schreibe in die Zeilen am Rand.
3. Schreibe den gesamten verbesserten Brief ins Heft. Du kannst den Brief auch am Computer schreiben und ausdrucken.

Märchenwelten: Hinter den sieben Bergen …

Märchen lesen und untersuchen

Schneewittchen

Mini-Haus mit sieben Zwergen
hinter sieben hohen Bergen.
Königstochter, jung und fein.
Trautes Heim, Glück allein.
Denkste! Böse Königin
hält den giftigen Apfel hin.
„Schau her, wie herrlich, saftig, rot!"
Schneewittchen beißt. Schon ist es tot.
Ein Prinz, ein Tollpatsch* ist der Mann,
hebt ungeschickt den Glassarg an,
worauf die Tote unsanft ruckte
und gleich das Apfelstück ausspuckte.
Schneewittchen lebt. Der Prinz lacht laut:
„So kommt man schnell zu einer Braut!"
(Rolf Krenzer)

1. Ist dies ein Märchen oder nicht? Lies den Text. Kreuze danach an:
   ☐ Es ist ein Märchen. ☐ Es ist kein Märchen. *(deine Meinung)*
2. Gib eine Begründung für deine Meinung an. ***Beispiellösungen:***
   Ich finde, dies ist ein Märchen, weil *Märchenfiguren vorkommen. Der Prinz ist die Hauptfigur. Die Geschichte geht gut aus.*
   Ich finde, dies ist kein Märchen, weil *die Geschichte so kurz ist und weil sie in Reimen geschrieben ist.*
3. Unterstreiche im Text „Schneewittchen" alle Begriffe, die in Märchen häufig vorkommen.

* Schreibweise wurde angepasst an die neue Rechtschreibung.

In diesem Kapitel kannst du lernen, …
- woran du Märchen erkennst.
- welche Merkmale zu einem Märchen gehören.
- wie die Handlung eines Märchens aufgebaut ist.
- wie man ein Märchen mithilfe von Fragen untersuchen kann.

Hier findest du heraus, was du schon kannst:

1. Märchenquiz: Kreuze an, was stimmt. Achtung: Es ist immer nur eine Antwort richtig.

Wie könnte der Anfang eines Märchens lauten?
- ☐ Am 19. Juni 2010 heiratete Kronprinzessin Victoria von Schweden.
- ☒ Es war einmal ein Königspaar. Das wünschte sich ein Kind.
- ☐ In den Nachrichten wurde bekannt gegeben, dass der Juni ungewöhnlich heiß war.

Welche Wesen oder Personen kommen im Märchen vor?
- ☐ In Märchen kommen immer Tiere vor.
- ☒ In Märchen kommen oft Prinzen und Hexen vor.
- ☐ In Märchen kommen oft Roboter vor.

Wie verläuft eine typische Märchenhandlung?
- ☐ Das ganze Leben einer Person wird beschrieben.
- ☒ Ein Held muss Aufgaben erfüllen, er löst die Aufgaben und wird belohnt.
- ☐ Eine Person geht zur Schule, erlernt einen Beruf und wird erfolgreich.

Was kann es im Märchen geben, aber nicht in der Wirklichkeit?
- ☒ einen Frosch, der sich in einen Prinzen verwandelt
- ☐ ein Auto, das mit Sonnenenergie fährt
- ☐ ein Tier, das 16 Meter weit springen kann

Was ist ein typisches Märchenende?
- ☐ Die Bösen werden gefasst und vor Gericht gestellt.
- ☐ Die Kinder der Prinzessin werden eingeschult.
- ☒ … und wenn sie nicht gestorben sind, dann leben sie noch heute.

Wortschatz: Märchen – Eigenschaften zuordnen

Das alles kommt in Märchen vor. Was passt wozu?

1. Suche die passenden Eigenschaften aus der Wörterbox heraus. Schreibe kurze Sätze auf die Schreibzeilen.

~~hässlich~~ ~~böse~~ ~~dunkel~~ ~~groß~~ ~~kostbar~~ ~~alt~~ ~~schön~~

Das Schloss ist groß.

Der Wald *ist dunkel.*

Der Zwerg *ist hässlich.*

Die Krone *ist kostbar.*

Die Hexe *ist böse.*

Die Prinzessin *ist schön.*

Die Hütte *ist alt.*

Wortschatz: Märchen – Eigenschaften zuordnen

2. Ergänze den Lückentext. Die fehlenden Wörter findest du in der Wörterbox. Streiche das Wort durch, das du in die Lücke eingetragen hast.

~~schönes~~ – ~~großen~~ – ~~alten~~ – ~~bösen~~ – ~~hässlicher~~ – ~~dunklen~~ – ~~goldene~~ – ~~junger~~

Minimärchen

Es war einmal ein *schönes* Mädchen. Das Mädchen lebte in einer *alten* Hütte. Eines Tages kam ein *hässlicher* Zwerg zu ihr. Er versprach ihr eine *goldene* Krone. Er wollte dafür später zu ihrer Hochzeit kommen. Er hatte die Krone von einer *bösen* Hexe gestohlen. Das Mädchen freute sich sehr und lief durch den *dunklen* Wald. Sie wollte zum *großen* Schloss. Dort lebte ein *junger* Prinz, den die Hexe verzaubert hatte. Nur ein Kuss von einem schönen Mädchen konnte ihn erlösen. Das Mädchen fand den Prinzen, küsste ihn und setzte ihm die Krone auf. Und wenn sie nicht gestorben sind, dann leben sie noch heute glücklich und zufrieden.

3. Unterstreiche im folgenden Text, wie die Märchenfiguren sind. Formuliere anschließend im Heft, wie in der Hilfe angegeben.
Hilfe: Eigenschaften findet man mit der Frage: „Wie ist jemand/etwas?"
Die böse Hexe. Frage: *Wie ist die Hexe?* Antwort: *Die Hexe ist böse.*

Stelle im Text	Frage	Antwort
Die böse Hexe	*Wie ist die Hexe?*	*Die Hexe ist böse.*
des reichen Königs	*Wie ist der König?*	*Der König ist reich.*
eine schöne Tochter	*Wie ist die Tochter?*	*Die Tochter ist schön.*
einem jungen Prinzen	*Wie ist der Prinz?*	*Der Prinz ist jung.*
die alte Hexe	*Wie ist die Hexe?*	*Die Hexe ist alt.*
einem grünen Frosch	*Wie ist der Frosch?*	*Der Frosch ist grün.*
Die traurige Prinzessin	*Wie ist die Prinzessin?*	*Die Prinzessin ist traurig.*
Der kluge König	*Wie ist der König?*	*Der König ist klug.*
Die brave Prinzessin	*Wie ist die Prinzessin?*	*Die Prinzessin ist brav.*
zum glücklichen Prinzen	*Wie ist der Prinz?*	*Der Prinz ist glücklich.*

Merkmale von Märchen erkennen

Das Märchen vom Dornröschen – in Kurzfassung

Es war einmal ein Königspaar, das lebte glücklich und zufrieden. Zu ihrem Glück fehlte ihnen nur noch ein Kind. Nach langer, langer Zeit bekam die Königin endlich eine wunderschöne Tochter.
Der Vater war voller Freude und veranstaltete ein großes Fest. Als Ehrengäste wollte er die weisen Frauen aus seinem Reich einladen. Leider gab es im Schloss aber nur zwölf goldene Teller. Deshalb bekam die dreizehnte weise Frau keine Einladung.
Beim Fest wünschten die zwölf weisen Frauen der kleinen Prinzessin alles Gute. Plötzlich stand aber die dreizehnte weise Frau im Speisesaal und verfluchte die Prinzessin: „Wenn sie fünfzehn ist, soll sich die Prinzessin an einer Spindel stechen und sterben." Eine der guten weisen Frauen wandelte den Fluch um: „Die Prinzessin soll nur in einen hundertjährigen Schlaf fallen."
Der König tat alles, um das schreckliche Schicksal von seiner Tochter abzuwenden. So ließ er alle Spindeln im Reich verbieten. Doch als die Prinzessin fünfzehn war, stöberte sie neugierig im ganzen Schloss herum, fand in einer Kammer bei einer alten Frau deren Spindel und probierte sie aus. Die Prinzessin stach sich, wie es vorhergesagt war. Nicht nur die Prinzessin, sondern alle Bewohner des Schlosses fielen nun in einen hundertjährigen Schlaf.
Mit den Jahren wuchs um das Schloss eine hohe undurchdringliche Dornenhecke. Viele Prinzen versuchten, die Prinzessin zu retten. Es gelang keinem.
Erst nach Ablauf der hundert Jahre überwand ein Prinz die Hecke. Plötzlich stachen die Dornen nämlich nicht mehr, sondern wurden zu Rosenblüten. Der Prinz gelangte in das Schloss und fand die Prinzessin. Er verliebte sich sofort in das wunderschöne Dornröschen und küsste sie.
Durch den Kuss wurden Dornröschen und alle Bewohner des Schlosses vom Fluch erlöst. Der Prinz und Dornröschen heirateten, und wenn sie nicht gestorben sind, leben sie noch immer in dem Schloss.

Merkmale von Märchen erkennen

1. Lies den Märchentext auf S. 44 langsam und genau durch.

2. Im Märchentext sind einige Wörter grün markiert, die dir vielleicht unbekannt sind. Schlage die Wörter, zu denen noch keine Wortbedeutungen angegeben sind, im Wörterbuch nach und trage die Bedeutung ein.

Ehrengäste: *besonders wichtige Persönlichkeiten, die zu einer Veranstaltung eingeladen worden sind*
weise: *klug*
verfluchen: *etwas Schlimmes auf jemanden herabwünschen*
Spindel: *ein Werkzeug, das man zum Drehen des Fadens beim Spinnen braucht*
Fluch: *eine Drohung, eine Verwünschung*
stöbern: *herumsuchen*
Kammer: *Zimmer*
Hecke: *Umzäunung aus Sträuchern*

3. Suche im Märchen von Dornröschen nach Merkmalen, die oft in Märchen vorkommen.
a) Unterstreiche sie.
b) Trage die wichtigsten ins richtige Kästchen ein.

Held/Heldin – Hauptpersonen:	Gegensätze:
Dornröschen; *der Prinz;* *die dreizehnte weise Frau*	*gute weise Frauen – böse dreizehnte weise Frau;* *junge Prinzessin – alte Frau;* *Dornen – Rosenblüten*

besondere, magische Zahlen:	Unwirkliches (= etwas, das es in der Wirklichkeit nicht gibt):	unbestimmte Zeit:
dreizehn; *hundert*	*Alle Bewohner des Schlosses fielen nun in einen hundertjährigen Schlaf.*	*Es war einmal;* *und wenn sie nicht gestorben sind*

4. a) Wähle ein anderes Märchen aus, das du kennst.
b) Übertrage die Tafel mit den Märchenmerkmalen aus Aufgabe 3 in dein Heft und trage die Merkmale zu deinem Märchen ein. ACHTUNG: Nicht immer kommen alle Märchenmerkmale vor.
(deine Lösung)

Märchentexte in Abschnitte unterteilen – den Inhalt wiedergeben

Der Fisch mit dem goldenen Bart

In einem Teil des Meeres lebten vor langer Zeit zwei Fische, die sehr gute Freunde waren. Davon hatte der eine einen schönen, langen, goldenen Bart. Die beiden Fische verbrachten, so wie es Freunde tun, viel Zeit miteinander.

Doch eines Tages suchte der Fisch mit dem goldenen Bart vergeblich nach seinem Freund. Nirgends konnte er ihn finden. Tief bekümmert suchte er den Zauberer Oktapus auf und erzählte ihm, dass sein bester Freund verschwunden sei. Der Zauberer sprach: „Die Menschen haben deinen Freund gefangen. Ich werde dich an Land bringen, sodass du deinen Freund suchen kannst. Bedenke aber, du musst vor Sonnenuntergang wieder ins Meer zurückkommen, sonst musst du sterben."

Der Zauberer versetzte den Fisch mit dem goldenen Bart in Schlaf, und als dieser am Strand des Meeres aufwachte, hatte er die Gestalt eines Menschen angenommen.

Auf der Erde war es Winter und der Fisch in Menschengestalt sah überall Schnee und Eisblumen. Er kam durch Wälder und eine große Ebene, bis er am Horizont die schneebedeckten Türme und Dächer einer Stadt sah. Er wanderte auf die Stadt zu und begann sofort, als er sie erreicht hatte, nach seinem Freund zu suchen. Lange, lange suchte er, aber die Suche schien vergeblich zu sein.

Der Abend näherte sich schon und er wurde sehr traurig und niedergeschlagen. Als er schon alle Hoffnung aufgegeben hatte, was sah er da? Im Schaufenster eines Ladens schwamm sein Freund in einem Aquarium. Schnell betrat er den Laden.

„Bitte gib mir den Fisch dort", sagte er zu dem Verkäufer. Doch der Verkäufer verlangte Geld, was ihm der Fisch in Menschengestalt natürlich nicht geben konnte.

Da sagte der Verkäufer: „Wenn du nicht bezahlen kannst, kann ich dir auch nicht den Fisch verkaufen, es sei denn, du schneidest deinen goldenen Bart ab und bezahlst damit."

Märchentexte in Abschnitte unterteilen – den Inhalt wiedergeben

Was sollte der arme Fisch in Menschengestalt tun? Das Wichtigste war ihm, seinen Freund zu retten. Er schnitt sich also den Bart ab, dann nahm er seinen Freund in den Arm und rannte aus der Stadt.

Die Sonne ging schon langsam unter und er erinnerte sich an die Warnung des Zauberers. Er lief und lief, ohne sich eine Rast zu gönnen.

Gerade als die Sonne am Horizont verschwand, erreichten beide das Meer und tauchten sofort in den Wellen unter. Der Fisch in Menschengestalt verwandelte sich dabei wieder in einen echten Fisch.

Voller Freude umarmten sich die beiden Freunde und schwammen glücklich nach Hause. Seit diesem Tag hat keiner der beiden Fische mehr einen goldenen Bart, doch sie sind die besten Freunde, die man sich vorstellen kann.

1. Lies das Märchen vom Fisch mit dem goldenen Bart.
2. Unterteile die Handlung des Märchens in Abschnitte. Nimm ein Lineal und zeichne am Ende jedes Abschnitts einen Strich ein.
   Hilfe: Oft stehen am Anfang eines neuen Abschnitts Zeitangaben.
3. Bearbeite die Tabelle auf Seite 48.
   a) Trage zu jedem Abschnitt die Zeilenzahlen ein.
   b) Schreibe zu jedem Abschnitt kurz in deinen Worten auf, was geschieht.

Märchentexte in Abschnitte unterteilen – den Inhalt wiedergeben

Der Fisch mit dem goldenen Bart – die Handlung		
Einleitung	Zeile 1 bis 5	Zwei Fische sind gute Freunde. Einer von ihnen hat einen schönen goldenen Bart.
Hauptteil: Abschnitt 1	Zeile *6* bis *20*	*Eines Tages ist ein Fisch verschwunden. Der Fisch mit dem goldenen Bart bittet den Zauberer um Hilfe.*
Hauptteil: Abschnitt 2	Zeile *21* bis *29*	*Der Fisch sucht in Menschengestalt auf der Erde nach seinem Freund.*
Hauptteil: Abschnitt 3	Zeile *30* bis *39*	*Er findet seinen Freund in einem Aquarium. Er soll zum Austausch seinen goldenen Bart abgeben.*
Hauptteil: Abschnitt 4	Zeile *40* bis *49*	*Der Fisch schneidet seinen Bart ab und rettet seinen Freund.*
Schluss	Zeile 50 bis 53	Die Fische sind bis heute beste Freunde. Auch ohne goldenen Bart sind sie glücklich.

Märchentexte in Abschnitte unterteilen – den Inhalt wiedergeben

Info:
Märchen werden in der Zeitform Präteritum geschrieben. Man weist damit auf etwas hin, das bereits vergangen ist. Das Präteritum wird vor allem in der schriftlichen Sprache verwendet.

4. Fasse das Märchen „Der Fisch mit dem goldenen Bart" in deinen eigenen Worten kurz zusammen. Nutze dafür die Übersicht über die Handlung des Märchens auf Seite 48. Schreibe in der Zeitform Präteritum.

Es waren einmal zwei Fische, die gute Freunde waren. Einer von ihnen hatte einen schönen, goldenen Bart.
Eines Tages war ein Fisch verschwunden. Der Fisch mit dem goldenen Bart ging zum Zauberer Oktopus und bat ihn um Hilfe. Der Zauberer brachte ihn an Land und verwandelte ihn in Menschengestalt.
Der Fisch hatte jetzt bis Sonnenuntergang Zeit, seinen Freund zu finden.
Nach langer Suche entdeckte er ihn in einem Aquarium. Da er kein Geld hatte, verlangte der Verkäufer seinen goldenen Bart als Bezahlung. Der Fisch schnitt seinen Bart ab und rettete so seinen Freund.
Sie kehrten ins Meer zurück und sind bis heute beste Freunde.

5. Märchen einmal anders: Schreibe ein Märchen nach der Bilderfolge in dein Heft.

(deine Lösung)

Die Bienenkönigin

Zwei Königssöhne gingen einmal auf Abenteuer und gerieten in ein wildes, wüstes Leben, sodass sie gar nicht wieder nach Haus kamen. Der jüngste, der Dummling hieß, machte sich auf und suchte seine Brüder. Aber als er sie endlich fand, verspotteten sie ihn. Er sei so dumm, dass er nicht durchs Leben kommen könnte. Sie zwei würden es ja kaum schaffen und wären doch viel klüger.

Sie zogen alle drei miteinander fort und kamen an einen Ameisenhaufen. Die zwei ältesten wollten den Haufen aufwühlen und sehen, wie die kleinen Ameisen in der Angst herumkröchen und ihre Eier forttrügen. Der Dummling aber sagte: „Lasst die Tiere in Frieden! Ich lass es nicht zu, dass ihr sie stört!“

Da gingen sie weiter und kamen an einen See, auf dem schwammen viele, viele Enten. Die zwei Brüder wollten ein paar fangen und braten. Der Dummling ließ es aber nicht zu und sprach: „Lasst die Tiere in Frieden! Ich lass es nicht zu, dass ihr sie tötet!“

Endlich kamen sie an ein Bienennest, darin war so viel Honig, dass er am Stamm herunterlief. Die zwei wollten Feuer unter den Baum legen und die Bienen ersticken, damit sie den Honig wegnehmen könnten. Der Dummling hielt sie aber wieder ab und sprach: „Lasst die Tiere in Frieden. Ich lass es nicht zu, dass ihr sie verbrennt!“

Endlich kamen die drei Brüder in ein Schloss. Dort standen in den Ställen lauter steinerne Pferde. Es war auch kein Mensch zu sehen. Die drei Brüder gingen durch alle Ställe, bis sie vor eine Türe ganz am Ende kamen. Vor der Tür hingen drei Schlösser. Mitten in der Tür war aber ein Fenster, durch das man in eine Stube sehen konnte.

Da sahen sie ein graues Männchen, das an einem Tisch saß. Sie riefen es an, einmal, zweimal, aber es hörte nicht. Endlich riefen sie zum dritten Mal; da stand es auf, öffnete die Schlösser und kam heraus. Es sprach aber kein Wort, sondern führte sie zu einem reich gedeckten Tisch. Als sie gegessen und getrunken hatten, brachte das Männchen jeden Bruder in ein eigenes Schlafgemach.

Am andern Morgen kam das graue Männchen zu dem ältesten, winkte und leitete ihn zu einer steinernen Tafel.

Auf der Tafel standen drei Aufgaben geschrieben, durch die das Schloss erlöst werden könnte. Die erste war: In dem Wald unter dem Moos lagen die Perlen der Königstochter, tausend an der Zahl. Die Perlen mussten gesucht werden. Wenn vor Sonnenuntergang noch eine einzige fehlte, so würde der, der gesucht hatte, zu Stein. Der älteste ging hin und suchte den ganzen Tag. Als aber der Tag zu Ende war, hatte er erst hundert gefunden. Es geschah, wie es auf der Tafel stand: Er wurde in Stein verwandelt. Am folgenden Tage unternahm der zweite Bruder das Abenteuer; es ging ihm aber nicht viel besser als dem ältesten. Er fand nicht mehr als zweihundert Perlen und wurde zu Stein. Endlich kam auch der Dummling an die Reihe. Er suchte im Moos. Es war aber so schwer, die Perlen zu finden, und ging so langsam. Da setzte er sich auf einen Stein und weinte.

Und wie er so saß, kam der Ameisenkönig, dem er einmal das Leben erhalten hatte, mit fünftausend Ameisen. Es dauerte gar nicht lange, so hatten die kleinen Tiere die Perlen miteinander gefunden und auf einen Haufen getragen.

Die zweite Aufgabe aber war, den Schlüssel zu der Schlafkammer der Königstochter aus dem See zu holen. Wie der Dummling zum See kam, schwammen die Enten, die er einmal gerettet hatte, heran, tauchten unter und holten den Schlüssel aus der Tiefe.

Die dritte Aufgabe aber war die schwerste: Von den drei schlafenden Töchtern des Königs sollte die jüngste und die liebste herausgesucht werden. Sie glichen sich aber vollkommen und waren durch nichts verschieden.

Allerdings hatten sie vor dem Einschlafen verschiedene Süßigkeiten gegessen: die älteste ein Stück Zucker, die zweite ein wenig Sirup, die jüngste einen Löffel Honig. Da kam die Bienenkönigin von den Bienen, die der Dummling vor dem Feuer geschützt hatte, und versuchte den Mund von allen dreien, zuletzt blieb sie auf dem Mund sitzen, der Honig gegessen hatte, und so erkannte der Königssohn die richtige Königstochter.

Da war der Zauber vorbei, alles war aus dem Schlaf erlöst. Wer von Stein war, erhielt seine menschliche Gestalt wieder. Und der Dummling vermählte sich mit der jüngsten und liebsten Prinzessin. Nach dem Tod des Vaters der Prinzessin wurde er König. Seine zwei Brüder aber erhielten die beiden anderen Schwestern.

1. Lies das Märchen von der Bienenkönigin.

2. Wer ist die Hauptperson (Hauptfigur) in dem Märchen?

   Die Hauptfigur ist der Dummling, der jüngste Königssohn.

3. Welche Eigenschaften hat die Hauptperson?

   Der Dummling ist nett und freundlich.
   Er ist tierlieb. Er hat Mitleid mit den Tieren.
   Er beschützt sie.

4. Ein Held im Märchen bekommt Aufgaben gestellt und muss sie lösen.
   a) Untersuche, wie der Weg vom Dummling im Märchen verläuft.

   Ausgangssituation:

   Der Dummling sucht seine Brüder. Sie verspotten ihn.

   Aufgaben, die zu lösen sind:

   1. Die Perlen der Königstochter müssen im Wald gesucht werden.
   2. Der Schlüssel zur Schlafkammer der Königstochter muss aus dem See geholt werden.
   3. Die jüngste und liebste der drei Prinzessinnen muss während ihres Schlafes herausgesucht werden.

   Gutes Ende:

   Der Dummling löst alle drei Aufgaben mithilfe der Tiere.
   Er bekommt die jüngste und liebste Prinzessin zur Frau.

   b) Ist der Dummling ein Held oder nicht? Begründe deine Entscheidung.

   Ich finde, der Dummling ist ein Held. Durch sein Mitgefühl kann er alle Aufgaben lösen, die seine Brüder nicht lösen konnten.

5. Trage die „Übersetzung“ für Ausdrücke aus alten Märchenbüchern ein.

Alltagssprache	Märchensprache
missmutig, verärgert	voller Verdruss
schnell gehen	geschwind gehen
Die Kinder taten ihm leid.	Die Kinder dauerten ihn.
Sie befahl ihm …	Sie hieß ihm …
Er ging ins Schloss.	Er begab sich ins Schloss.
Er schaffte es nicht.	Er vermochte es nicht.

Märchenhaft

Ein Märchen schreiben

Schnurre, schnurre, Rädchen,
spinne goldene Fädchen,
für das arme Mädchen,
spinne Stroh zu Gold ...

Heute back ich, morgen brau ich,
übermorgen hol ich der Königin ihr Kind;
ach, wie gut, dass niemand weiß,
dass ich Rumpelstilzchen heiß!

Im Kino läuft der Film „Rumpelstilzchen". Deine Klasse möchte sich gern den Film gemeinsam ansehen.
Zahira kennt das Märchen nicht. Sie liest die kurze Information auf dem Kinoplakat. Aber ihr ist nicht klar, worum es geht.
Da du das Märchen kennst, bittet Zahira dich, ihr das Märchen zu erzählen.

Wie beginnt denn das Märchen?
Welche Personen kommen vor?
Gibt es eine schöne Prinzessin?
Was ist das Besondere an dem Märchen?
Ist es traurig?
Wie endet das Märchen?

Es war einmal ...

1. Nimm dein Heft und mache dir Notizen, bevor du Zahira das Märchen erzählst. Ihre Fragen können dir sicherlich dabei helfen.
(deine Lösung)

In diesem Kapitel kannst du lernen, ...

- wie du Ideen sammelst, um ein eigenes Märchen zu schreiben.
- wie du einen Text so schreibst, dass man ihn als Märchen erkennt.
- wie man zu einem Märchen selbst einen Schluss schreibt.
- ein eigenes Märchen nach einem Bild zu schreiben.
- einem Mitschüler eine Rückmeldung über seinen Märchentext zu geben.

Hier findest du heraus, was du schon kannst:

1. Kreuze an:

	stimmt	stimmt nicht
Wenn ich einen eigenen Schluss zu einem Märchen schreibe, muss ich den Anfang des Märchens genau kennen.	✗	
Wenn ich ein unvollständiges Märchen weiterschreibe, darf ich alle (!) Figuren neu erfinden.		✗
Wenn ich einen eigenen Märchentext schreibe, nehme ich mein Heft und schreibe sofort drauflos.		✗
Bevor ich mit dem Schreiben beginne, sammle ich Ideen.	✗	
Wenn ich beim Schreiben nicht weiterkomme, darf ich meine Mitschüler oder meine Lehrerin / meinen Lehrer um Hilfe bitten.	✗	
Märchen darf man nicht auf dem Computer schreiben.		✗
Wenn ich nicht weiß, wie ein Wort geschrieben wird, darf ich es im Wörterbuch oder auf dem Smartphone nachschlagen.	✗	

Wortschatz: Märchen erkennen

1. Schreibe zu jedem Bild das passende Wort. Die Wörter im Kasten helfen dir dabei.

der Wald
das Hexenhaus
die Schatztruhe
die Katze
die Hexe

der ~~Wald~~ die ~~Hexe~~ die ~~Schatztruhe~~ die ~~Katze~~ das ~~Hexenhaus~~

2. Verbinde jedes Bild mit einem Textkasten.

Eines Tages hatten sie nichts mehr zu essen und die Eltern schickten Hänsel und Gretel in den dunklen Wald. *2*

Die Frau war eine böse Hexe. Sie lockte die Kinder ins Haus. Hänsel sperrte sie dann in einen Käfig. *4*

Es war einmal ein armer Holzfäller. Der lebte mit seiner Frau und seinen beiden Kindern in einer alten Holzhütte. Der Junge hieß Hänsel und das Mädchen hieß Gretel. *1*

Plötzlich kamen sie an ein Häuschen, das aus Lebkuchen und Schokolade gebaut war, und eine Frau sagte: „Kommt nur herein und esst, soviel ihr wollt." *3*

3. Schreibe das Märchen in der richtigen Reihenfolge in dein Heft. Überlege dir auch eine Überschrift.
(deine Lösung)

Wortschatz: Märchen erkennen

Hier siehst du Figuren und Gegenstände aus verschiedenen Märchen.

4. Welche fünf Figuren oder Gegenstände gehören zum Märchen „Rotkäppchen"? Kreise sie ein.

5. Schreibe die Wörter mit Artikel auf.

das Rotkäppchen *der Wald*
der Jäger *der Korb*
der Wolf

6. Was geschieht im Märchen „Rotkäppchen"? Male zwei Bilder dazu.

(dein Bild) *(dein Bild)*

Grundstufe *Grundstufe*

Hier stimmt was nicht! – eine Handlung in die richtige Reihenfolge bringen

1. Nummeriere die Bilder der Reihe nach:

Beispiellösung Aufgabe 2:

1 *Das schöne Schneewittchen freut sich. Die kleinen Zwerge bilden einen Kreis um sie herum. Ein Zwerg hat eine Rose in der Hand.*
2 *Die böse Stiefmutter schaut ärgerlich in den Spiegel.*
3 *Schneewittchen isst einen roten Apfel.*
4 *Schneewittchen liegt tot im Sarg.*
5 *Der junge Prinz rettet Schneewittchen. Schneewittchen hustet und der vergiftete Apfel fliegt ihr aus dem Mund. Sie lebt.*

Schneewittchen ist ... *glücklich, bescheiden, hilfsbereit, freundlich*

Die Königin ist ... *(deine Wahl)*

Der Jäger ist ... *(deine Wahl)*

Die Zwerge sind ... *(deine Wahl)*

freundlich gemein arm schwach grausam bescheiden nachdenklich hilfsbereit besorgt reich mächtig hinterlistig glücklich

Ein Märchen zu Ende schreiben

Der süße Brei

Es war einmal ein armes Mädchen, das lebte alleine mit seiner Mutter. Eines Tages hatten sie nichts mehr zu essen. Da ging das Kind hinaus in den Wald. Dort begegnete ihm eine alte Frau, die die Not des Kindes kannte. Sie schenkte ihm ein Töpfchen, zu dem es sagen sollte: „Töpfchen, koche", und dann kochte es guten, süßen Hirsebrei. Und wenn es sagte: „Töpfchen, stehe", so hörte es wieder auf zu kochen. Das Mädchen brachte den Topf seiner Mutter heim und nun mussten sie keinen Hunger mehr erleiden. Sie aßen süßen Brei, sooft sie wollten.

Eines Tages, als das Mädchen nicht zu Hause war, da sprach die Mutter: „Töpfchen, koche", da kochte es und die Mutter aß sich satt. Als sie nicht mehr hungrig war, wollte sie, dass das Töpfchen wieder aufhören sollte, aber sie wusste das Wort nicht. Der Brei stieg über den Rand hinaus und kochte immerzu weiter. Plötzlich waren die Küche und das ganze Haus voll Brei und auch das zweite Haus und dann die ganze Straße. Kein Mensch wusste sich zu helfen.

1. Wie könnte das Märchen weitergehen?
a) Sammle zuerst deine Ideen. Schreibe sie in die Kästchen.

Ideensammlung

Menschen bauten kleine Schiffe.

(deine Idee)

(deine Idee)

(deine Idee)

(deine Idee)

b) Suche dir dann eine Idee aus der Ideensammlung aus. Schreibe das Märchen im Heft zu Ende. Beginne deinen Schluss mit dem Satz: „Doch dann kam die Rettung ..." oder: „Doch dann hatten sie eine Idee ..."
(deine Lösug)

http://www.lernwege-deutsch.de/5

Mittelstufe *Mittelstufe*

Ein eigenes Märchen schreiben – Ideen sammeln

So, und nun kannst du selbst zum Schriftsteller werden und dein eigenes Märchen schreiben.

1. Bevor du mit dem Schreiben deines Märchens beginnst, solltest du in einem ersten Schritt deine Ideen sammeln. Folgende Fragen können dir dabei helfen:

- Wie heißt dein Märchen?
- Welche Personen kommen in deinem Märchen vor?
- Von was handelt dein Märchen?
- Was ist das Besondere in deinem Märchen (z. B. magische Zahlen oder etwas, das immer wiederkehrt)?
- Wo spielt dein Märchen?
- Wie endet dein Märchen?
- Wie lautet der Schlusssatz in deinem Märchen? (Z. B.: ... und sie lebten glücklich bis ans Ende ihrer Tage.)

Info:
Besonders übersichtlich kannst du deine Ideen und Überlegungen in einer Ideensammlung darstellen, beispielsweise so:

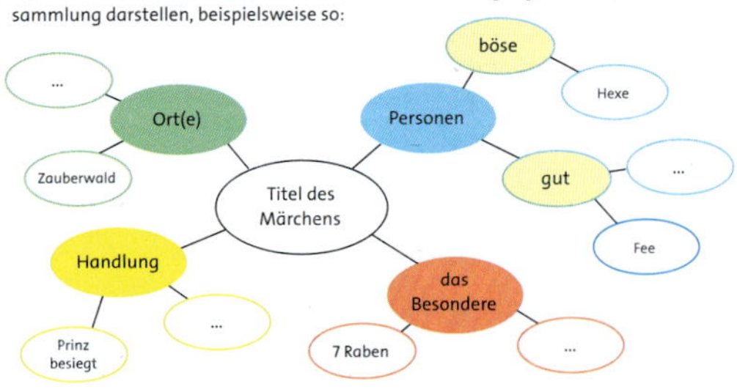

2. Beschreibe die Hauptfigur genauer. Wie sieht sie aus? Welche Eigenschaften hat sie?
Die Hauptfigur in meinem Märchen ist:
(deine Lösung)

Ein eigenes Märchen schreiben – Handlung festlegen, spannend aufschreiben

1. Nachdem du festgelegt hast, WER die Hauptfiguren in deinem Märchen sind und WO das Märchen spielt, musst du dir noch überlegen, WAS in deinem Märchen alles passiert. Die folgende Tabelle hilft dir dabei, deine Ideen zu sortieren.
a) Übertrage die Tabelle in dein Heft. Fülle sie aus. Benutze deine Ideensammlung.

Personen, die im Märchen vorkommen	**Orte, an denen das Märchen spielt**	**Handlung: Das geschieht im Märchen**
(deine Idee)	*(deine Idee)*	*(deine Idee)*

b) Schreibe das Märchen in dein Heft. Vergiss die Überschrift nicht.

So beginnt mein Märchen:
In der Einleitung gibst du dem Leser einen ersten Überblick darüber, 1. WER die Personen in deinem Märchen sind und welche Eigenschaften sie haben. 2. WO dein Märchen spielt. *Es war einmal ...*
Das alles geschieht in meinem Märchen:
Im Hauptteil erzählst du, 1. WAS in deinem Märchen alles passiert. WAS die Personen sagen und machen. 2. was das Besondere an deiner Geschichte ist (etwas, das plötzlich oder unerwartet passiert; Dinge, die den Leser überraschen und verwundern). *Eines Tages aber ...* *Plötzlich ...*
So endet mein Märchen:
Im Schlussteil zeigst du, 1. WAS am Schluss geschieht. 2. WAS nun mit den Personen geschieht. *Und wenn sie nicht gestorben sind, ...* *Und sie lebten glücklich und zufrieden bis ans Ende ihrer Tage.*

(deine Lösung)

Die Redaktionskonferenz – Rückmeldungen zu einem Text geben

Zum Ende des Schuljahres hat die Klasse 5 vor, ein eigenes Märchenbuch herzustellen. Sie möchte es neuen Schülerinnen und Schülern in der Schule zur Begrüßung schenken. Deshalb müssen die Texte sehr sorgfältig verfasst werden.

1. Lade dir den Text mit der Nummer 6 herunter oder bitte deine Lehrerin oder deinen Lehrer, dir den Text zur Verfügung zu stellen.
Setze dich mit einem Mitschüler oder einer Mitschülerin zusammen. Stelle dir vor, dass er/sie den Märchentext geschrieben hat. Er/sie ist noch unsicher, ob der Text gelungen ist, und bittet dich um eine Rückmeldung.

Gehe folgendermaßen vor:

Schritt 1: Lies den Text genau durch.

Schritt 2: Markiere alle Stellen im Text, die dir gut gefallen, mit einem Pluszeichen: **+**

Schritt 3: Markiere alle Stellen im Text, die dir nicht so gut gefallen, mit einem Minuszeichen: **–**

Schritt 4: Wenn du etwas nicht verstanden hast und nachfragen möchtest, schreibst du ein Fragezeichen an diese Stelle im Text: **?**

Schritt 5: Danach besprichst du den Text mit deinem Mitschüler / deiner Mitschülerin. Bei der Rückmeldung kannst du folgendermaßen vorgehen:
- Sage als Erstes, was dir an dem Text gut gefällt.
- Wenn du sagen willst, was dir nicht so gut gefällt, kannst du so beginnen:
„Was mir nicht so gut an deinem Text gefällt, ist ..." oder
„Obwohl mir ganz viel an deinem Text gefällt, finde ich es nicht gut, wenn du schreibst, ..."
- Du kannst auch Fragen stellen, z. B.:
„Was willst du mit diesem Satz oder mit dieser Textstelle sagen?"
„Willst du mit diesen Wörtern ausdrücken, dass ...?"

Schritt 6: Am Schluss kannst du deinem Mitschüler / deiner Mitschülerin einen oder auch mehrere Tipps geben, wie er/sie den Text noch verbessern kann.

Hinweise dazu, was verbessert werden könnte, sowie ein Beispiel für einen verbesserten Märchentext findest du ebenfalls im Downloadbereich (Nummer 7).

http://www.lernwege-deutsch.de/6
http://www.lernwege-deutsch.de/7

Märchenwerkstatt – zu einem Bildimpuls ein Märchen schreiben

1. Suche dir ein Bild aus und schreibe dazu ein Märchen in dein Heft.

(deine Lösung)

Die Märchenmischmaschine

Die Märchenmischmaschine enthält unterschiedliche Bausteine, mit denen du unzählige Märchen herstellen kannst. Sie lassen sich in folgende Gruppen einteilen: *Figuren, Handlungen, Orte, Magisches.*

2. Ergänze auf den Rollen der Märchenmischmaschinen mögliche Bausteine (Begriffe).
Beispiellösung:

3. Wähle verschiedene Bausteine aus und schreibe mit ihnen ein kurzes Märchen in dein Heft. Vergiss die Überschrift nicht!

(deine Lösung)

Gespenstisches

Erzähltexte lesen, verstehen und untersuchen

Hier spukt es

Es war Vollmond, aber über dem Mond lag ein Schleier von Nebel und der Mond sah merkwürdig grün aus. Niclas und Mattis hatten sich verlaufen. Sie waren jetzt ganz allein im Wald. Die anderen waren wohl weitergegangen, als sie noch Beeren gepflückt hatten. Jetzt war es schon dunkel. Sie konnten nur noch etwas sehen, weil schwaches Mondlicht da war. Die niedrigen Bäume in der Heide wirkten wie dunkle Gestalten. Jetzt kam auch noch ein Unwetter auf. Es donnerte und blitzte in der Ferne. Zum Glück fanden sie eine Schutzhütte. Schnell liefen sie hinein. Drinnen roch es ganz faulig, aber sie waren froh, dass es hier trocken war. Jetzt konnten sie erst einmal ausruhen. Doch plötzlich hörte man ein unheimliches Knarren. Kurz darauf kamen furchterregende Geräusche vom Dachboden über ihnen. Niclas fing leise an zu wimmern: „Was ist das? Das hört sich ja schrecklich an!"

1. Lies den Text.
2. Was ist an dieser Situation alles unheimlich? Unterstreiche, was dir unheimlich erscheint.
3. Was könnte auf dem Dachboden sein? Schreibe deine Einfälle auf:

(deine Lösung)

4. Wie könnte die Geschichte enden? Schreibe mindestens drei Ideen in dein Heft.

(deine Lösung)

In diesem Kapitel kannst du lernen, ...

- eine unheimliche Bildergeschichte zu verstehen.
- wodurch eine Geschichte unheimlich wirkt.
- die Hauptfigur in einer Geschichte zu untersuchen.
- wie du den Spannungsverlauf in einer Geschichte untersuchst.
- wie du den Höhepunkt einer unheimlichen Geschichte bestimmst.

Hier findest du heraus, was du schon kannst:

1. Mache aus dem Text eine gruselige Geschichte. Schreibe über die markierten Stellen die passenden Wörter aus dem Kasten.

Das ist doch gar nicht gruselig!!!

Ein Tourist in Schottland besuchte mit einer Reisegruppe ein *altes* modernes Schloss. Ein Zimmer konnte nicht besichtigt werden. Dort sollte ein *schreckliches Gespenst* niedliches Kätzchen spuken. Der Tourist *hatte schreckliche Angst* war sehr neugierig, *ging nicht weiter* trödelte bewusst ein bisschen und blieb allein zurück. Vorsichtig machte er die Tür auf. Erst sah er nichts, doch plötzlich erblickte er das *furchtbare Wesen* süße Kätzchen. Er *war ganz entsetzt* freute sich riesig. „Das wird mir niemand glauben", dachte er und holte *sofort* in aller Ruhe seine Kamera heraus. Er hörte *furchtbares Heulen* leises Miauen und *zitterte am ganzen Körper* blieb ganz ruhig. Er machte einige Fotos, steckte die Kamera wieder ein und *rannte* schlenderte zu seiner Reisegruppe. Am nächsten Tag wollte er seinem Freund die Fotos zeigen. Doch auf den Fotos war *nichts* die süße Katze zu sehen.

~~altes~~ – ~~schreckliches Gespenst~~ – ~~hatte schreckliche Angst~~ – ~~furchtbare Wesen~~ – ~~war ganz entsetzt~~ – ~~furchtbares Heulen~~ – ~~zitterte am ganzen Körper~~ – ~~rannte~~ – ~~sofort~~ – ~~nichts~~ – ~~ging nicht weiter~~

Vorstufe

Wortschatz: Gespenster und unheimliche Wesen

Gespensterbaukasten

Mein Gespenst

Sein Körper ist weiß.
Seine Augen glitzern.
Seine Hände sind knochig.
Die Füße sind riesig.

1. Wie sieht dein Gespenst aus? Schreibe die vier Sätze neu. Ersetze die markierten Wörter durch andere aus dem Gespensterbaukasten.

Beispiellösung:
Sein Körper ist durchsichtig.
Seine Augen sind glühend.
Seine Hände sind glitschig.
Die Füße sind schlammig.

2. Du kannst auch ein anderes unheimliches Wesen erfinden. Zeichne oder beschreibe es in deinem Heft.

(deine Lösung)

Vorstufe

Wortschatz: unheimliche Geräusche

1. Auf dem Bild siehst du Figuren und Dinge, die nachts unheimliche Geräusche machen können. Schaue sie dir genau an.

2. Trage die Wörter aus der Wörterbox so in die Lücken ein, dass sinnvolle Sätze entstehen.

Das Fenster *klappert*.
Die Türe *quietscht*.
Die Kette *rasselt*.
Die Eule und das Gespenst *heulen*.
Die Turmuhr *schlägt* zwölf Uhr.
Die Treppe *knarrt*.
Das Glas fällt *klirrend* zu Boden.

~~quietscht~~
~~klirrend~~
~~heulen~~
~~knarrt~~
~~schlägt~~
~~klappert~~
~~rasselt~~

Grundstufe

Eine Gespenstergeschichte

Das kleine Tages- und Nachtgespenst

Die Kirchturmuhr ist kaputt.
Das kleine Gespenst verschläft die Geisterstunde um Mitternacht.
Als die Uhr um 12 Uhr mittags wieder schlägt, wacht das kleine Gespenst auf. Und da passiert es: Durch das Sonnenlicht wird aus dem weißen Nachtgespenst ein schwarzes Tagesgespenst.

1. Lies den Text. Überlege und schreibe dann auf:
   a) Warum wird das kleine Nachtgespenst zu einem Tagesgespenst?

   Das kleine Nachtgespenst wird zum Tagesgespenst,
   weil es die Geisterstunde verschlafen hat.

   b) Welche Farbe hat das Tagesgespenst?

   Das Tagesgespenst ist schwarz.

2. Schreibe eine kleine Geschichte darüber, was ein Tages- oder Nachtgespenst tut, in dein Heft. Entscheide dich für ein Gespenst.

(deine Lösung)

Grundstufe

Eine Gespenstergeschichte in Bildern – den Aufbau untersuchen

1 2 3 4 5

1. Sieh dir die Bilder der Geschichte genau an. Finde eine passende Überschrift für diese Geschichte:

Nachts am See
Das Monster im See

2. Gib die Nummer des Bildes an, auf dem es am spannendsten und gruseligsten ist. Schreibe auf, was dort passiert.

Bild Nummer 3: Ein Junge schwimmt nachts im See.
Plötzlich wird er an einem Bein festgehalten.
Er bekommt Angst und schreit laut. Er glaubt,
dass sich im Wasser ein Monster befindet.

3. Schreibe im Heft auf, ob du die Geschichte unheimlich oder lustig findest. Begründe deine Meinung kurz.
Hilfe: So kannst du beginnen: *Ich finde die Geschichte lustig (unheimlich), weil …*

(deine Lösung)

In einer Gespenstergeschichte die Hauptfigur untersuchen

1. Lies den folgenden Ausschnitt aus einer sehr spannenden Gespenstergeschichte.

Gespensterjäger

In dem großen Haus, in dem Tom wohnte, hatte jede Wohnung einen eigenen Keller. Aber Tom war der festen Überzeugung, dass ihr Keller der dunkelste, unheimlichste, spinnenverseuchteste war. Und er wusste auch, warum. Der Hausmeister, Egon Riesenpampel, war ein Kinderhasser. Und weil Tom und Lola die einzigen Kinder im Haus waren, hatte ihre Familie auch den allerschrecklichsten Keller bekommen. Ganz klar! Als Tom vor der staubigen Tür stand, kniff er die Lippen zusammen und rückte entschlossen seine Brille zurecht. Der enge, kalte Flur, von dem die Kellertüren abgingen, war nur spärlich beleuchtet, und Tom hatte wie immer Schwierigkeiten, den verdammten Schlüssel ins Schloss zu kriegen. Die Tür quietschte scheußlich, als Tom sie aufstieß. Modrig riechende Schwärze gähnte ihm entgegen.
Tapfer machte er einen Schritt vorwärts und tastete nach dem Lichtschalter. Wo, zum Teufel, war das verflixte Ding? Es war so ein altmodischer Drehschalter, an dem man sich die Finger verbog. Na endlich. Da war er. Tom drehte ihn herum.
Eine jämmerliche kleine Glühbirne flammte auf und – paff! – zerplatzte in tausend Splitter. Erschrocken stolperte Tom zurück und stieß mit dem Ellbogen gegen die Kellertür. Rums!, fiel sie ins Schloss. Tom stand mutterseelenallein im pechschwarzen Keller. „Ganz ruhig!", dachte er. „Ruhig bleiben, alter Junge. Es ist nur die blöde Glühbirne zerplatzt." Aber seit wann zerplatzen Glühbirnen einfach? Tom spürte, wie sein Mund trocken wie Schmirgelpapier wurde. Er wollte einen Schritt zurück machen. Aber seine Schuhe klebten an irgendwas fest. Er hörte seinen eigenen Atem. Und dann ein leises Rascheln. So als striche etwas über die alten Zeitungen, die Mama irgendwo in der Dunkelheit gestapelt hatte. „Hilfe!", flüsterte Tom. „Oh Mann, Hilfe!" „Aaaaaahoooo!", stöhnte es ihm aus der Finsternis entgegen. Kalter, modrig stinkender Atem strich ihm übers Gesicht. Und eisige Finger packten seinen Hals. „Weeeg!", schrie Tom und schlug wie ein Wilder um sich. „Weg, du widerliches Ding!" Die Eisfinger ließen seinen Hals los und zogen an seinen Ohren. Irgendwas schimmerte weißlich in der Dunkelheit. Irgendwas mit giftgrünen Augen, flatterndem Haar und höhnischem Grinsen.
„Ein Gespenst!", dachte Tom fassungslos. „Ein richtiges Gespenst!" „Ooouuuuaaaah!", jaulte das entsetzliche Ding. Mit einem verzweifelten Ruck zog Tom die Füße aus den festgeklebten Schuhen. Er taumelte zur Tür und tastete zitternd nach dem Riegel. Das grausige Etwas zerrte an seinen Haaren und an seiner Jacke und heulte ihm die Ohren voll. Mit letzter Kraft riss Tom die Tür auf, das Gespenst wich mit erbostem Kreischen zurück und Tom stolperte halb tot vor Schreck auf den Flur hinaus.

(Cornelia Funke: Gespensterjäger, Auszug)

In einer Gespenstergeschichte die Hauptfigur untersuchen

2. Lies dir nun die Geschichte ein zweites Mal durch. Was findest du an der Geschichte unheimlich? Unterstreiche Unheimliches grün.

3. Woran merkt man, dass Tom Angst hat? Unterstreiche die Stellen im Text rot.

4. In der Geschichte kommen auch Toms Gedanken vor. Finde die Stellen und unterstreiche sie blau.

5. Beschreibe die Person Toms.

(deine Lösung)

Jetzt wird es richtig gruselig – Figuren und den Spannungsaufbau untersuchen

1. Lies den Anfang der Geschichte bis Zeile 15 (roter Strich) langsam und genau durch.
2. Unterstreiche beim zweiten Lesen, warum die Situation für die Mädchen unheimlich ist.
3. Lies dann die Geschichte zu Ende.

Das Tapetengespenst Echo

Endlich war es so weit. Katja und Nour lagen auf ihren Betten im Turmzimmer. „Ich dachte schon, dass es sich meine Eltern noch einmal anders überlegen." „Ja, ich fürchtete auch schon, dass wir unten in der Ferienwohnung bleiben müssen." Katja und Nour waren für ein paar Tage mit Katjas Eltern in Urlaub. Ein altes Gutshaus war umgebaut worden und man konnte dort Ferienwohnungen mieten. Das Beste aber war, dass die beiden Mädchen ein Zimmer für sich alleine hatten – ganz oben in einem Turm. Ein bisschen komisch war das schon, so alleine. Aber auch sehr spannend für die beiden Mädchen! Katja war ein bisschen mulmig zumute, vor allem, weil es hier oben so dunkel war. Und die Treppe, die nach oben führte, knarrte. Katja hätte auch schwören können, dass die Treppe gewackelt hatte.

Nour wusste, dass Katja ein bisschen ängstlich war und sich zum Beispiel vor Spinnen fürchtete. Deshalb sagte sie nichts, als sie im Schrank gleich zwei riesige schwarze Exemplare entdeckte. „Komm, ich helfe dir und packe deine Sachen in den Schrank", meinte sie stattdessen und kam sich sehr großzügig vor. „Martin wollte mir unbedingt einreden, dass es in alten Gutshäusern Gespenster gibt", lachte Katja. „Der denkt, dass Mädchen dauernd Angst haben", grinste Nour. Martin war Katjas jüngerer Bruder. Die beiden erzählten noch stundenlang. Als sie die Uhr zwölf schlagen hörten, waren sie endlich müde. „Mach das Licht aus", sagte Katja. „Bis morgen." Schon war es stockdunkel. „Mach das Licht aus. Bis morgen." „Ist gut, ist ja aus", grummelte Nour. „Ist gut, ist ja aus", hörte Katja noch einmal. „Mensch, schlaf jetzt. Hör auf", knurrte Katja. „Schlaf jetzt. Hör auf", klang es aus dem Zimmer. „Nour, lass das, jetzt ist Schluss!" Langsam wurde Katja ärgerlich. „Lass das. Jetzt ist Schluss", klang es mit seltsamer Stimme im Raum. „Hör du doch auf! Wie ein Papagei sagst du alles zwei Mal", empörte sich Nour. „Hör doch auf. Papagei. Zwei Mal." „Das ist nicht witzig!" Nour knipste das Licht wieder an.
Die Mädchen saßen senkrecht im Bett und starrten sich an. Beide deuteten mit den Fingern auf sich und schüttelten den Kopf. Katja zitterte leicht, fasste sich aber ein Herz und fragte in den Raum: „Wer bist du?" „Wer bist du?", kam es prompt aus der Wand zurück. „Hilfe!", schrie Katja und sprang zu Nour ins Bett. „Hilfe", tönte die Stimme zurück. „Wer ist da?", fragte nun Nour. „Wer ist da?", kam die Stimme wie ein Echo zurück.
Doch dann glaubte Nour, so etwas wie ein Kichern gehört zu haben. „Sag sofort, wer du bist!", forderte sie jetzt energisch. „Ich bin Echo", klang es hinter der Wand. „Das Tapetengespenst." Katja zitterte nun noch mehr und klammerte sich an ihre Freundin.
Doch die legte die Finger auf den Mund und flüsterte Katja ins Ohr: „Da hat doch jetzt jemand geantwortet. Also kein Echo. Warte mal!" Ganz leise sprang sie auf, riss die Tür auf und trat mutig auf den Flur. Martin stand dort und hielt sich den Bauch vor Lachen. „Mensch! Ich bin vor Schreck fast gestorben", beschwerte sich Katja. „Ich finde, das habt ihr zwei verdient. Ihr dürft hier oben schlafen!", versuchte Martin sich zu rechtfertigen.

Jetzt wird es richtig gruselig – Figuren und den Spannungsaufbau untersuchen

4. Wie reagieren die beiden Mädchen auf das Echo? Suche die Textstellen (Zeilen 44–56) und unterstreiche Katjas Reaktionen rot, Nours Reaktionen grün. Trage die Textstellen dann in die Tabelle ein.

Katjas Verhalten	Nours Verhalten
Katja zitterte leicht, fasste sich aber ein Herz und fragte in den Raum: „Wer bist du?“	„Wer ist da?“, fragte nun Nour.
„Hilfe!“, schrie Katja und sprang zu Nour ins Bett.	Doch dann glaubte Nour, so etwas wie ein Kichern gehört zu haben. „Sag sofort, wer du bist!“, forderte sie jetzt energisch.
Katja zitterte nun noch mehr und klammerte sich an ihre Freundin.	Doch die legte die Finger auf den Mund und flüsterte Katja ins Ohr: „Da hat doch jetzt jemand geantwortet. Also kein Echo. Warte mal!“ Ganz leise sprang sie auf, riss die Tür auf und trat mutig auf den Flur.

5. An welcher Stelle wirkt die Geschichte auf dich am gruseligsten und spannendsten? Gib die Zeilen an und begründe deine Meinung. Schreibe ins Heft.
(deine Lösung)

Jetzt wird es richtig gruselig – Figuren und den Spannungsaufbau untersuchen

Info:
Die Textstelle, an der eine Gruselgeschichte besonders spannend oder unheimlich ist, nennt man **Höhepunkt**.

6. a) Bestimme die Handlungsschritte in der Geschichte. Trage die Handlungsschritte in Stichworten ein.
b) Trage mit einem Pfeil ein, wo der Höhepunkt ist.

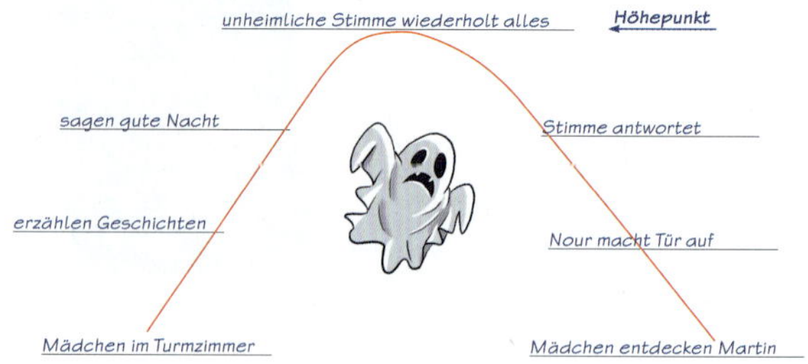

7. Wie findest du den Schluss der Geschichte? Begründe deine Meinung.
Hilfe: Du kannst für deine Stellungnahme die Formulierungen am Rand nutzen.

Beispiellösungen:
Ich finde den Schluss gut, weil die Geschichte dann doch lustig ausgeht.
Ich finde den Schluss nicht gut, weil es gar kein richtiges Gespenst gibt.
Der Schluss zeigt, dass am Ende auch alles gut ausgehen kann.
Ich hatte zuerst gedacht, dass es um eine richtig gruselige Gespenstergeschichte geht.
Aber dann habe ich gemerkt, dass die Mädchen nur geärgert werden.

Ich finde den Schluss gut, weil ...
Ich finde den Schluss nicht gut, weil ...
Ich hatte zuerst gedacht, dass ... Aber dann ...
Mir gefällt, dass ...
Erst war die Geschichte spannend, dann ...

Unheimliche Erlebnisse

Erzähltexte schreiben

1. Versetze dich in die Situation auf dem Bild: Nachts allein im Wald. Was fühlst du, hörst du, wie reagierst du? Trage Stichworte in die Felder ein.

Da war es mir richtig gruselig!

Beispiellösungen:

Situation:
Zeltlager
nachts
Vollmond

unheimliche Geräusche:
Eulenruf
knackende Äste
Rascheln

meine Reaktionen:
schreien
weglaufen
zittern

meine Gefühle:
Unbehagen
Grusel
Angst

2. Was ist für dich noch alles unheimlich? Schreibe deine Gedanken hier auf.
Beispiellösung: ungewohnte Geräusche, allein in einem alten Haus; allein im Keller; wenn Insekten nachts über meine Bettdecke krabbeln; auf einem Dachboden.

In diesem Kapitel kannst du lernen, ...
- wie du eine unheimliche Geschichte nach Bildern erzählst.
- wie du die Handlung einer unheimlichen Geschichte ausgestaltest.
- wie du Ideen für eine unheimliche Geschichte sammelst.
- wie du deine Geschichte spannend und anschaulich machst.
- wie du eine eigene Geschichte planst, schreibst und überarbeitest.

Hier findest du heraus, was du schon kannst:

Über das Erzählen von unheimlichen Geschichten

1. Kreuze an: Was ist richtig, was ist nicht richtig?

	richtig	falsch
Gespenstergeschichten müssen immer wahr sein.		✗
Jede spannende Geschichte hat einen Höhepunkt.	✗	
In der Einleitung einer Geschichte wird die ganze Handlung zusammengefasst.		✗
Den Hauptteil einer Geschichte erzählt man ausführlich.	✗	
In einer spannenden Geschichte dürfen keine Gedanken und Gefühle vorkommen.		✗
In unheimlichen Geschichten darf es wörtliche Rede geben.	✗	
Geschichten sind nur unheimlich, wenn Gespenster vorkommen.		✗

Vorstufe

Wortschatz: Was kommt in einer unheimlichen Geschichte vor?

1. Verbinde die Wörter mit den entsprechenden Bildern.

Wesen:	Orte:
Gespenst	altes Haus
Eule	finsterer Wald
Fledermaus	dunkle Höhle
Spinne	kalter Keller
Katze	einsamer Friedhof

~~ruft~~ ~~lebt~~ ~~läuft~~ ~~huscht~~ ~~spukt~~

2. Wähle ein Wesen und einen Ort aus. Bilde dann damit einzelne Sätze. Die Wörter in der Wörterbox helfen dir dabei.

Das Gespenst spukt in einem alten Haus.
Die Eule ruft aus dem finsteren Wald.
Die Fledermaus lebt in der dunklen Höhle.
Die Spinne huscht durch den kalten Keller.
Die Katze läuft über den einsamen Friedhof.

Vorstufe

Wortschatz: Reaktionen und Gefühle bei Angst

Plötzlich erscheint ein Gespenst ...

1. Versetze dich in die Situation: Was machst du, wenn plötzlich ein Gespenst auftaucht?
a) In der Wörterschlange findest du passende Verben. Teile die Verben mit einem Strich ab.

s c h r e i e n | z i t t e r n | s i n g e n | r e n n e n | w e i n e n

b) Schreibe jedes Wort in der Grundform und in der ich-Form auf.

schreien – ich schreie; zittern – ich zittere;
singen – ich singe; rennen – ich renne;
weinen – ich weine

2. Diese Kinder haben Angst vor dem Gespenst! Was meinst du, wie du dich fühlst und was mit dir geschieht, wenn ein Gespenst auftaucht? Schreibe drei Sätze auf. Nutze die Ausdrücke oben.

Meine Haare stehen hoch. Ich klappere mit den Zähnen.
Ich bekomme eine Gänsehaut. Ich habe weiche Knie.
Ich habe Herzklopfen. Ich zittere.

Ihre Haare stehen hoch.

Sie klappern mit den Zähnen.

Sie bekommen eine Gänsehaut.

Sie haben weiche Knie.

Sie zittern.

Sie haben Herzklopfen.

Grundstufe

Eine Gespenstergeschichte nach Bildern erzählen

Wer spukt denn hier?

Beispiellösung Aufgabe 2:

1 *Die Geschichte handelt von Aja, Maxi und ihrem Hund. Sie sind im Urlaub und übernachten in einer alten Jugendherberge.*
2 *Ihr Zimmer ist alt und dunkel. Maxi und Aja schlafen in einem Doppelstockbett. Ihnen ist ein bisschen unheimlich zumute.*
3 *Plötzlich bewegt sich etwas vor Maxis Bett. Es sieht aus wie ein Gespenst. Maxi und Aja schreien beide auf. Maxi springt erschrocken aus dem Bett.*
4 *Das unheimliche Wesen kommt unter der Decke hervor. Es ist ihr Hund!*
5 *Aja und Maxi müssen lachen. Erleichtert streicheln sie ihren Hund.*

Beispiellösung Aufgabe 3:

Plötzlich bewegt sich etwas vor Maxis Bett. Es sieht aus wie ein Gespenst. Maxi ruft leise nach Aja. Sie schläft auch noch nicht. Aja schaut nach unten. Da bewegt sich tatsächlich etwas! Aja fängt an zu zittern. Maxi und Aja schreien beide auf. Maxi springt erschrocken aus dem Bett. Aja steigt auch hinunter. Sie fassen sich an den Händen. Ihre Hände sind ganz feucht.

Grundstufe

Die Handlung einer Gespenstergeschichte ausgestalten

Info:
Der Höhepunkt einer Geschichte ist dort, wo es am spannendsten ist.

Die Klasse 5 der Gotenschule macht einen Ausflug. Übernachtet wird auf dem Dachboden mit vielen Zimmern. Türen gibt es nicht. Es sind nur Vorhänge vor den Zimmern. Als alle nach langem Gerede und Gekicher endlich einschlafen wollen, bewegt sich plötzlich ein Vorhang ...

Beispiellösung Aufgabe 1:

Auf dem Dachboden

Was ich fühle:
– *Angst*
– *Kälte*
– *Zittern*

Was ich höre:
– *unheimliche Töne*
– *Geheul*
– *Kratzen*
– *Klappern*

Was ich sehe:
– *unheimliche schwarze Gestalt*
– *Schatten*

Beispiellösung Aufgabe 2a:

Wir erstarren alle. Es ist etwas im Zimmer. Das kann nur ein Gespenst sein! Das Zimmer war ja leer, als wir hineingegangen sind. Einige von uns fangen an zu schreien. Da kommt das unheimliche Wesen hervor. Wir halten den Atem an.

Beispiellösung Aufgabe 2b:

Glücklicherweise ist alles nur eine Täuschung gewesen. Erleichtert müssen wir alle lachen. Wir haben uns vor einer kleinen Katze gefürchtet! Hinter dem Vorhang sah sie wie bei einem Schattenspiel ganz unheimlich aus.

Eine eigene unheimliche Geschichte schreiben

1. Sammle Ideen für eine eigene unheimliche Geschichte. Beantworte dafür die W-Fragen und trage die Antwort in die Tabelle ein.

Beispiellösung:

1. Welche Personen kommen vor?	*mein Bruder und meine Eltern*
2. Was geschieht in der unheimlichen Geschichte?	*Alle verstecken sich bei Regen in einer Fischerhütte. Dort passiert etwas Unheimliches.*
3. Wo spielt die Geschichte?	*in einer Fischerhütte am Strand*
4. Was ist der Höhepunkt (das Spannende) in deiner Geschichte?	*Plötzlich springt aus einem alten Boot in der Fischerhütte ein schreckliches Wesen.*
5. Wie endet deine Geschichte?	*Es war nur eine Katze, die auch Schutz gesucht hat.*

Eine Einleitung schreiben

2. Welche Einleitung macht dich neugierig auf eine unheimliche Geschichte mit einer Katze? Kreuze an.

- [ ] Einmal habe ich ganz viel Angst gehabt. Sonst habe ich nie Angst. Dabei war es nur Omas Katze im Keller.
- [x] Als wir letztes Wochenende bei meiner Oma waren, passierte etwas Unheimliches mit ihrer Katze.
- [ ] Meine Oma wohnt in Flensburg. Sie hatte letztes Wochenende Geburtstag. Meine Oma hat eine Katze. Die Katze ist meistens lieb. Sie ist schon alt.

3. Schreibe eine Einleitung für deine Geschichte.

Info:
Die Einleitung einer spannenden Geschichte soll neugierig machen und nicht zu viel vorgeben.

Beispiellösung: *In den letzten Sommerferien passierte meinen Eltern, meinem Bruder und mir an der Ostsee etwas ganz Unheimliches.*

Mittelstufe

Eine eigene unheimliche Geschichte schreiben

Beispiellösung Aufgabe 4:

Einleitung

In den Sommerferien passierte Unheimliches; langweiliger Spaziergang; Kinder nörgeln

Hauptteil

Unwetter zieht auf; Vater will sich in den Dünen unterstellen; Regen wird immer stärker; Mutter empfiehlt, in einer Fischerhütte Schutz zu suchen; Hütte ist dunkel, riecht modrig; plötzlich springt etwas den Bruder an; alle schreien

Schluss

Vater macht sein Feuerzeug an und sieht Katze.

Beispiellösung Aufgabe 5:

In den letzten Sommerferien passierte meinen Eltern, meinem Bruder und mir an der Ostsee etwas ganz Unheimliches.
Wir machten wie jeden Tag einen langweiligen Spaziergang am Ostseestrand. Normalerweise finde ich es an der Ostsee schön, aber es war schlechtes Wetter. Man konnte nicht baden. Wir Kinder fingen an zu nörgeln: „Jeden Tag schlechtes Wetter! Jeden Tag gehen wir spazieren. Wir wollen endlich mal etwas erleben." „Ich glaube, gleich könnt ihr etwas erleben!", sagte mein Vater und blickte sorgenvoll zum Himmel hoch.
Jetzt sah ich es auch: Über uns waren dicke schwarze Wolken. Und jetzt hörte ich es auch: Das war nicht das Meer! Es donnerte! Ein Unwetter zog auf. „Komm, wir gehen an den Dünenrand und stellen uns da unter", meinte mein Vater. Der Regen wurde immer stärker. Um uns herum blitzte und donnerte es. „Das hat gar keinen Zweck. An den Dünen werden wir klitschnass." Meine Mutter empfahl, dass wir in einer Fischerhütte Schutz suchen sollten. „Schnell, lauft los! Das schaffen wir noch, bevor es richtig losgeht mit dem Unwetter."
Wir traten vorsichtig in die Hütte. Innen war die Hütte dunkel, es roch modrig. War ich noch vom Rennen außer Atem? Ich bekam gar keine Luft. Und ich sah auch überhaupt nichts! Es war ein bisschen gruselig. Plötzlich schrie mein Bruder auf. „Was ist das? Mich springt irgendetwas an!" Jetzt schrien wir alle los, sogar mein Vater. Man konnte ja aber auch nichts erkennen! Da zückte mein Vater sein Feuerzeug und machte es an: Oben auf einem Regal saß eine pitschnasse Katze. Sie hatte die gleiche Idee gehabt wie wir und war wohl durch das offene Fenster der Hütte hineingesprungen.
Wir waren alle erleichtert und warteten gemeinsam ab, bis das Unwetter vorbei war.

Aus einer Nachricht eine Geschichte machen

Beispiellösung Aufgabe 2:

Skorpion genau beschreiben

Gefühle der Frau beschreiben

alles ein bisschen übertreiben

Jagd nach dem Skorpion ausschmücken

Beispiellösung Aufgabe 3:

7 Uhr morgens in einem kleinen Ort: Eine Frau wachte auf und schaute zum Glück auf ihre Bettdecke. Da sah sie plötzlich ein schwarzes Tier über die Decke laufen. Ihr blieb fast das Herz stehen. Es war ein riesiger Skorpion. Er schillerte giftig-grün. Seinen Schwanz stellte er bedrohlich auf. Der Stachel sah furchterregend aus. Die Frau sah das Tier unaufhaltsam auf ihr Gesicht zukrabbeln. Sie wusste aus einem Fernsehfilm, dass es sich um eine besonders giftige Art handelte. Ihr Leben war bedroht. Trotz ihrer zitternden Hände schaffte sie es, nach dem Telefon zu greifen. Dabei achtete sie darauf, sich so wenig wie möglich zu bewegen. Schweiß trat ihr auf die Stirn. Sie wählte die Nummer der Polizei. Doch sie musste ja aufmachen! Geistesgegenwärtig warf sie die Bettdecke auf den Skorpion, rannte aus dem Zimmer und schloss es ab.
Wenige Minuten nach dem Anruf erschienen zwei Polizisten. Sie waren voll ausgerüstet: Einer trug ein großes leeres Gurkenglas. Vorsichtig wurde die Tür geöffnet. Mutig schlug einer der Polizisten die Decke zurück. Der Skorpion wirkte jetzt erst recht angriffslustig. Aber der Polizist stülpte ganz geschickt das Glas über das Tier. Als dem Polizisten der Deckel herunterfiel, gab es noch einmal einen Aufschrei. Aber bevor der Skorpion herauskriechen konnte, hob der Polizist den Deckel auf und verschloss das Glas. Alle konnten wieder aufatmen.

Erweiterungsstufe

Eine Geschichte überarbeiten

Beispiellösung Aufgabe 1:

Eine gruselige Moorwanderung

Grusel im Moor

Beispiellösung Aufgabe 2:

Doch da hatte ich mich getäuscht. Wir hatten alle Taschenlampen dabei. Es war wirklich sehr dunkel. Ich konnte meine eigene Hand nicht vor Augen sehen. Komisches Gefühl. Manche von uns bekamen jetzt doch Angst. Ich hörte leises Wimmern von Sabine, unserer Heulsuse. „Was soll denn schon passieren", beruhigte ich sie. „Wir sind doch hier nicht alleine." Man hörte gespenstische Geräusche. Rief da eine Eule? Und dann war da so ein unheimliches Scharren hinter uns. „Was kann das sein?", fragte jemand, der rechts von mir ging. Ich konnte nichts erkennen. Und dann war es auf einmal ganz still. Ich merkte, wie langsam die Angst in mir hochstieg. Einige von uns blieben zurück. Ich rief: „Warum bleibt ihr denn zurück? Wir sollten zusammenbleiben." „Die haben Angst vor dem Moor", erzählte eine flüsternde Stimme. „Man kann hier im Moor versinken." Mir wurde klar, was passieren konnte, wenn man vom Weg abkam. Ich fing an zu zittern. Zu allem Übel ging auch noch meine Taschenlampe aus. Ich sah meinen Freund nicht mehr. Dafür glaubte ich überall andere Gestalten zu sehen. Ich fasste nach vorne. „Meine Taschenlampe geht nicht mehr", murmelte ich verzweifelt. Sonja blieb stehen und half mir, indem sie mich unterhakte. Sie sagte: „Keine Angst. Das sind keine Gestalten. Das sind nur Büsche." Als plötzlich etwas vor mir stand, erschrak ich. Ich wollte das Wesen abwehren und streckte meine Hände aus. Ich fasste in etwas Wolliges, Warmes. „Ein Schaf", lachte ich erleichtert auf.

Beispiellösung Aufgabe 3:

Plötzlich leuchteten vor uns Scheinwerfer auf. Da standen zwei Autos! Einige unserer Jugendleiter hatten sich davongeschlichen, waren umgekehrt und hatten schnell Autos geholt. Uns erwartete ein tolles nächtliches Picknick.

Wir, der Bumerang und der blaue Hund

Gedichte lesen, verstehen und vortragen

Fischwunder

„Ich geh zu Tisch",
spricht der Fisch.
Seltsam ist er anzusehn:
Selten können Fische gehen.

(Max Kruse)

Frühlingsbeginn

weißen ich schneen
frier beißen finger
fußen eis rutschen
nasen ich tropf-tropf

(Ernst Jandl)

Der blaue Hund*

Geh ich in der Stadt umher,
Kommt ein blauer Hund daher,
Wedelt mit dem Schwanz so sehr,
Nebenher,
Hinterher

Und verlässt** mich gar nicht mehr.
Wedelt mit den blauen Ohren,
Hat wohl seinen Herrn verloren.

(Peter Hacks)

Das sind ja besondere Texte ...
wie in Liedern:
Viel Glück und viel Segen
auf all deinen Wegen ...
oder bei Abzählreimen:
Taler, Taler, du musst wandern,
von dem einen Ort zum andern ...

1. a) Lies für dich die Texte laut vor.
b) Unterstreiche mit verschiedenen Farben, welche Wörter sich reimen.
c) Was fällt dir auf, wenn du die Farben vergleichst? Schreibe auf.
Im Gedicht „Fischwunder" reimen sich immer zwei aufeinanderfolgende Zeilen.
Im Gedicht „Der blaue Hund" reimen sich die ersten sechs Zeilen und die beiden letzten Zeilen.
Das Gedicht „Frühlingsbeginn" ist nicht in Reimform verfasst.

http://www.lernwege-deutsch.de/8
http://www.lernwege-deutsch.de/9
http://www.lernwege-deutsch.de/10

* Der Dichter schreibt hier am Zeilenanfang immer groß, auch wenn eine Kleinschreibung richtig wäre.
** Schreibweise wurde angepasst an die neue Rechtschreibung.

In diesem Kapitel kannst du lernen, ...

- welche Merkmale Gedichte haben.
- woran du Reime erkennst.
- wie du Gedichte wirkungsvoll vortragen kannst.
- wie man die Stimmung in einem Gedicht erfasst und beschreibt.
- wie Vergleiche in einem Gedicht gestaltet sind und wie sie wirken.

Hier findest du heraus, was du schon kannst:

Ich nicht

Am Kuchenteller
war ein Dieb.
Wo ist das Stück,
das übrig blieb?

Ich war's nicht,
sagt das Känguru*
und hält sich
seinen Beutel zu.

(Jürgen Spohn)

1. a) Schreibe die Reimpaare heraus.
Beispiel für ein Reimpaar: *Badehose – Rose*
Dieb – blieb; Känguru – zu
b) Was fällt dir bei den Versen 1, 3, 5 und 7 auf? *Diese Strophen haben kein passendes Reimwort.*

2. Wie viele Strophen hat das Gedicht? *zwei Strophen*

3. Was meinst du, wohin das Kuchenstück verschwunden ist? Schreibe in dein Heft.
Beispiellösung: *Ich denke, dass das Känguru das Kuchenstück weggenommen hat. Es hält seinen Beutel zu, damit keiner hineinsehen kann. Das ist doch sehr verdächtig.*

http://www.lernwege-deutsch.de/11

* Schreibweise wurde angepasst an die neue Rechtschreibung.

Wortschatz: Reimwörter finden

1. Schreibe auf die Linien, wie die abgebildeten Tiere heißen.

2. Finde zu jedem Tier in der Wörterbox das passende Reimwort (z. B.: Rose – Dose). Trage es in das Kästchen ein. Streiche es in der Wörterbox durch.

Info:
Es gibt Wörter, die am Wortende gleich klingen.
Z. B.: Ball – Knall.
Solche Wörter nennt man Reimwörter.
Sie reimen sich, weil sie ähnlich oder gleich klingen.

~~Tisch~~	~~Haus~~	~~Tatze~~
~~Lücke~~	~~Nase~~	~~Spiegel~~
~~Reise~~	~~Tal~~	

3. Suche selbst Reimwörter und schreibe sie auf.
Beispiellösung:
Tasse – Klasse; Buch – Tuch; Kind – Rind; Wurm – Turm

4. Suche dir aus Aufgabe 1 Reimwörter aus. Bilde kurze Sätze.
Hilfe: *Die Mücke fliegt durch die Lücke.*
Beispiellösung:
Ein Wal schwimmt nicht durchs Tal. Jede Meise träumt von einer Reise.
Der Igel schaut in den Spiegel. Die Maus ist im Haus.
Die Katze leckt sich ihre Tatze.

Reimpaare im Gedicht finden

Wir

Ich bin ich und du bist du.
Wenn ich rede, hörst du zu.
Wenn du sprichst, dann bin ich still,
weil ich dich verstehen will.

Wenn du fällst, helf ich dir auf,
und du fängst mich, wenn ich lauf.
Wenn du kickst, steh ich im Tor,
pfeif ich Angriff, schießt du vor.

Spielst du pong, dann spiel ich ping,
und du trommelst, wenn ich sing.

Allein kann keiner diese Sachen,
zusammen können wir viel machen.

Ich mit dir und du mit mir –
das sind wir.

(Irmela Brender)

~~weil ich dich verstehen will.~~

~~zusammen können wir viel machen.~~

~~pfeif ich Angriff, schießt du vor.~~

~~und du trommelst, wenn ich sing.~~

1. Trage die fehlenden Zeilen in das Gedicht ein.
Tipp: Die Reime helfen dir dabei.

2. Schreibe das vollständige Gedicht in dein Heft. Gestalte die Seite zu einem Schmuckblatt. Du kannst es auch für einen Gedichtekalender oder dein Gedichtebüchlein verwenden.

http://www.lernwege-deutsch.de/12

Reimpaare bestimmen und die Wirkung von Reimen entdecken

Bumerang

War einmal ein (Bumerang); 1
War ein Weniges zu (lang). 1
Bumerang flog ein (Stück),
Aber kam nicht mehr (zurück).
Publikum – noch (stundenlang) –
Wartete auf (Bumerang).

(Joachim Ringelnatz)

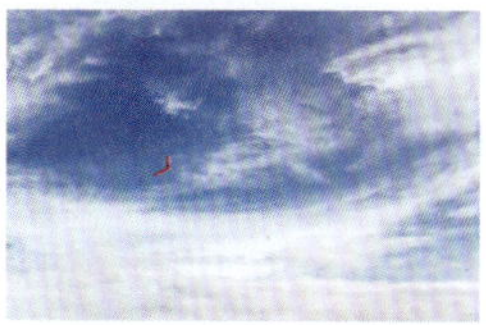

Info:
Ein Bumerang ist eine alte Wurfwaffe.
Wenn man richtig wirft, kehrt der Bumerang zum Werfer zurück.

1. a) Lies dir das Gedicht „Bumerang“ durch.
   b) Kreise die Wörter ein, die sich reimen.
2. Neben den ersten beiden Zeilen des Gedichts sind Zahlen für gleiche Reime eingetragen. Trage für die folgenden Reime ebenfalls Zahlen ein. Für einen neuen Reim nimmst du eine neue Zahl.

War einmal ein (Bumerang);	1
War ein Weniges zu (lang).	1
Bumerang flog ein (Stück),	2
Aber kam nicht mehr (zurück).	2
Publikum – noch (stundenlang) –	1
Wartete auf (Bumerang).	1

Info:
Die Zeilen in einem Gedicht nennt man **Verse**.
Wenn sich in zwei aufeinanderfolgenden Versen am Ende Wörter reimen, nennt man das **Paarreim**.

http://www.lernwege-deutsch.de/13

Reimpaare bestimmen und die Wirkung von Reimen entdecken

Im Park

Ein ganz kleines Reh stand am ganz kleinen (Baum)
still und verklärt* wie im (Traum).
Das war des Nachts elf Uhr (zwei).
Und dann kam ich um (vier)
morgens** wieder vor(bei).
Und da träumte noch immer das (Tier).
Nun schlich ich mich leise – ich atmete (kaum) –
gegen den Wind an den (Baum),
und gab dem Reh einen ganz kleinen (Stips).
Und da war es aus (Gips).

*verträumt

(Joachim Ringelnatz)

3. In diesem Gedicht steckt eine witzige Geschichte. Schreibe sie in dein Heft.
   Beispiellösung:
   Ein Reh steht nachts im Wald. Ein Mann beobachtet das Reh. Es bewegt sich nicht. Als er morgens wiederkommt, steht das Reh immer noch da. Er schleicht sich an, stupst es mit dem Finger an. Und da stellt sich heraus, dass es gar kein lebendiges Reh ist. Es ist aus Gips.

4. a) Umkreise im Gedicht gleiche Reimsilben mit der gleichen Farbe.
   b) Untersuche die Verse 3 bis 6. Wie sind die Reime angeordnet?
   Es reimen sich jeweils die Verse 3 und 5 sowie 4 und 6.
   Der jeweilige Vers reimt sich also jeweils mit dem übernächsten.

Das habe ich festgestellt:
Reime können auch anders angeordnet sein als im Paarreim.
[X] ja [ ] nein

http://www.lernwege-deutsch.de/14

** Schreibweise wurde angepasst an die neue Rechtschreibung.

Gedichte wirkungsvoll vortragen

Der Wind

← In allem Frieden
← schlief abgeschieden
← hinter einer Hecke
← der Wind. |
← Da hat ihn die Spitzmaus, |
← wie Spitzmäuse sind, |
← ins Ohr gezwickt. |

→ Der Wind erschrickt,
→ springt auf die Hecke
→ fuchsteufelswild,
→ brüllt,
→ packt einen Raben beim Kragen,
→ rast querfeldein ins Dorf hinein,
→ schüttelt einen Birnbaum beim Schopf
→ reißt den Leuten den Hut vom Kopf,
→ schlägt die Wetterfahne herum,
→ wirft eine Holzhütte um,
→ wirbelt den Staub in die Höhe: |
← Wehe, der Wind ist los! |

← Aber wo ist die Spitzmaus? |
← In ihrem Kellerhaus
← dreht sie die Daumen im Schoß,
← zufrieden und faul |
← und grinst, |
mit ihrem frechen Maul!

(Josef Guggenmos)

Wie fühlt sich der Wind?

Wie sieht es aus, wenn der Wind erschrickt?

Wörterbox 1
- laut
- leise
- brüllen
- stürmen

Wörterbox 2
- ˇ betonen
- → schnell lesen
- ← langsam lesen
- | Sprechpausen

1. a) Lies das Gedicht einmal durch.
   b) Höre dir das Gedicht an. Setze die Zeichen aus Wörterbox 2 über die entsprechenden Textstellen, so wie der Sprecher sie liest.
   c) Trage das Gedicht jemandem vor.
2. Schreibe in dein Heft, wie du dir den Wind vorstellst.
   (deine Lösung)
3. Wie wird der Wind in der ersten und zweiten Strophe beschrieben? Nutze die Wörter in Wörterbox 1. Schreibe in dein Heft.
   Beispiellösung:
   In der ersten Strophe ist es noch ganz leise. In der zweiten Strophe wird es immer lauter. Der Wind brüllt. Es stürmt.

http://www.lernwege-deutsch.de/15

Gedichte verstehen – Vorstellungen äußern, Stimmungen erfassen

Überschrift: ____________________

Wie der Regen tropft, Regen tropft,**
An die Scheiben klopft!
Jeder Strauch ist nass* bezopft.

Wie der Regen springt!
In den Blättern singt
Eine Silberuhr.
Durch das Gras hin läuft,
Wie eine Schneckenspur,
Ein Streifen weiß beträuft.

Das stürmische Wasser schießt
In die Regentonne,
Dass* die überfließt,
Und in breitem Schwall
Auf den Weg bekiest
Stürzt Fall um Fall.

Und der Regenriese,
Der Blauhimmelhasser
Silbertropfenprasser,
Niesend fasst* er in der Bäume Mähnen,
Lustvoll schnaubend in dem herrlich vielen Wasser.

Und er lacht mit fröhlich weißen Zähnen
Und mit kugelrunden, nassen Freudentränen.

(Georg Britting)

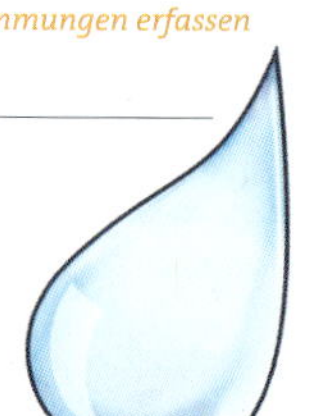

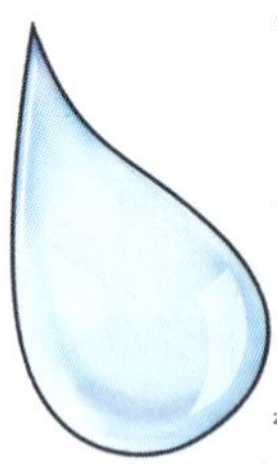

1. Lies das Gedicht. Denke dir eine passende Überschrift aus.
   (deine Lösung)
2. Wie wird der Regen in der vorletzten Strophe genannt?
   a) Schreibe die Wörter auf.
   Regenriese, Blauhimmelhasser, Silbertropfenprasser
   b) Finde noch weitere Wörter, wie der Regen heißen kann. Schreibe sie hier auf.
   (deine Lösung)

http://www.lernwege-deutsch.de/16

* Schreibweise wurde angepasst an die neue Rechtschreibung.
** Der Dichter schreibt am Zeilenanfang immer groß, auch wenn eine Kleinschreibung richtig wäre.

Gedichte untersuchen – Vergleiche erkennen und deuten

Ins Weiße blickend

Schnee hat auf Katzenpfoten
den Garten zurückerobert,
die Dächer und Bäume besetzt.
Erfroren starren
die Knospen dich an,
schwarze Pupillen
im Weiß der Zweige.

(Wolfgang Bächler)

1. Lies das Gedicht.

2. Welche Stellen im Gedicht findest du besonders auffällig? Umkreise sie.

3. Beantworte folgende Fragen:
a) Von welcher Jahreszeit handelt das Gedicht?
vom Winter
b) Was tut der Schnee?
Der Schnee fällt auf Dächer, Bäume und bedeckt den Garten.
c) Was machen die Knospen? Wie sehen sie aus?
Die Knospen schauen aus dem Schnee heraus.
Sie sind erfroren und sehen aus wie schwarze Pupillen.

Das habe ich festgestellt:

Katzen besetzen Bäume und Dächer.	☐ ja	☒ nein
Der Schnee wird mit einer Katze verglichen.	☒ ja	☐ nein
Schwarze Pupillen starren den Garten an.	☐ ja	☒ nein
Die schwarzen Pupillen werden mit Knospen verglichen.	☒ ja	☐ nein
Schnee und Knospen haben menschliche Eigenschaften.	☒ ja	☐ nein

http://www.lernwege-deutsch.de/17

Gedichte untersuchen – Inhalte vergleichen

Unnützes Gedicht

In der ersten Zeile steht nicht viel drin,
die zweite Zeile gibt wenig Sinn,
die dritte ist irgendwie drangeleimt,
und die vierte steht nur da, damit es sich reimt.

Die fünfte ist eigentlich überflüssig,
die sechste zu lesen ist vollkommen müßig,
die siebente Zeile auch kein Genuss.
Doch zum Glück: Nach der achten Zeile ist
Schluss!

(Martin Auer)

Die Dinge reden

„Ich reime mich auf Zuckerbäcker",
sagt der alte Rasselwecker.

„Ich reime mich auf Nasenflügel",
sagt der linke Brillenbügel.

Es brummelt stolz die Tiefkühltruhe:
„Ich reime mich auf Stöckelschuhe."

Und die Standuhr sagt:
„Merkt ihr es nicht?
Wir sind ein Gedicht!"

(Georg Bydlinski)

1. a) Lies die Gedichte.
b) Vergleiche die Überschriften mit dem jeweiligen Inhalt.
Erläutert die Überschrift den Inhalt des Gedichts?
Ja, die Überschrift erläutert den Inhalt des Gedichts.
c) Wovon handeln die Gedichte? Was ist beiden gemeinsam?
Das erste Gedicht handelt davon, dass es gar keinen Sinn hat und sich nur reimt.
Das zweite Gedicht handelt von Dingen, die sprechen können.
Beiden gemeinsam ist der Paarreim.

2. Schreibe im Heft auf, was dir an den Gedichten gefällt. *(deine Lösung)*

http://www.lernwege-deutsch.de/18
http://www.lernwege-deutsch.de/19

Dichterwerkstatt

Gedichte schreiben

1. Unterstreiche im Gedicht unten immer die beiden Wörter, die sich reimen.
Nimm für jedes Wortpaar, das zusammengehört, eine andere Farbe.

2. Schreibe die Wörter auf.
dichten – verzichten; ist – ist; versuchen – Pfaumenkuchen;
Zöpfen – Blumentöpfen; Nase – Osterhase; Hut – gut

3. Überlege dir noch andere Wörter, die sich reimen:
(deine Lösung)

4. Schreibe mit diesen Wörtern ein eigenes Gedicht in dein „Gedichtebüchlein" (siehe Seite 97). *(deine Lösung)*

5. Unten findest du Bilder von Personen, die Gedichte geschrieben haben.
a) Suche dir einen Dichter oder eine Dichterin aus.
b) Suche ein Gedicht, das er/sie geschrieben hat. Nutze dazu das Internet.
c) Schreibe es in deiner schönsten Schrift auf ein Schmuckblatt.

Anregung zum Dichten

Kinder, wollt Ihr selbst mal dichten?
Keiner muss darauf verzichten,
wenn der Inhalt nur egal ist,
was inzwischen ganz normal ist.
Lasst uns das einmal versuchen:
Lecker schmeckt der Pflaumenkuchen.
Gustav zieht an Lisas Zöpfen.
Kalle wirft mit Blumentöpfen.
Nimm den Finger aus der Nase.
Morgen kommt der Osterhase.
Du kriegst einen auf den Hut.
Übermut tut selten gut. […]

(Günter Nehm)

Johann Wolfgang von Goethe

Paul Maar

Christine Nöstlinger

http://www.lernwege-deutsch.de/20

In diesem Kapitel kannst du lernen, …
- selbst ein Gedicht zu schreiben.
- dass es Gedichte gibt, die sich reimen, und Gedichte, die sich nicht reimen.
- ein Gedicht weiterzuschreiben.
- ein Parallelgedicht zu schreiben.

So kannst du mit der Dichterwerkstatt arbeiten:

In der Dichterwerkstatt geht es darum, dass du dich traust, selbst Gedichte zu schreiben. Dabei geht es nicht darum, ob dein Gedicht richtig ist. Es ist nur wichtig, dass du es schreibst.

Natürlich darfst du auch in dein Heft schreiben. Doch es gibt noch weitere Möglichkeiten, deine Texte zu gestalten und aufzubewahren:

Mein Gedichtebüchlein

Alle Texte, die du in der Dichterwerkstatt schreibst, kannst du sammeln und abheften. Nach und nach wird daraus ein kleines Buch – dein „Gedichtebüchlein". Das Büchlein darfst du so gestalten, wie es dir gefällt.

Schmuckblätter

Manche der Texte, die du geschrieben hast, sind sicherlich so schön, dass du sie ausstellen oder jemandem schenken möchtest. Dazu darfst du deinen Text in Schönschrift auf ein Schmuckblatt schreiben.

Gedichtekalender

Aus deinen Gedichten und den anderen Texten, die du in der Dichterwerkstatt hergestellt hast, kannst du auch einen Kalender gestalten.

Vorstufe

Zum eigenen Namen etwas schreiben

1. Du bist neu an der Schule. Stelle dich deinen Mitschülern vor.
Was magst du gern? Was wünschst du dir? Wovon träumst du?
Schreibe die Buchstaben deines Vornamens untereinander.
Die Anfangsbuchstaben deines Namens sind zugleich auch die Anfangsbuchstaben für die Wörter, mit denen du etwas über dich sagen möchtest, oder Dinge, die du magst:

Beispiellösung:
N*eugierig*
A*ffen*
M*ag Fußball*
E*istee*

(dein Name)

Wörter werden zu Bildern

Viele Wörter kann man auch malen.
Schüler einer fünften Klasse haben „Bildwörter" aufgeschrieben.

2. Suche selbst Wörter, die du malen kannst. Falls dir keine Wörter einfallen, kannst du auch welche aus der Ideenkiste nehmen.

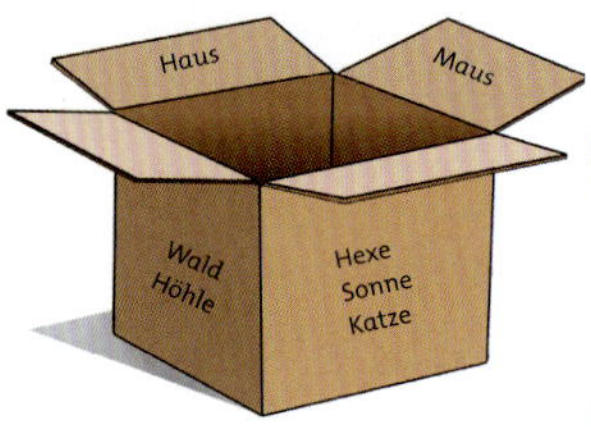

Meine Bildwörter

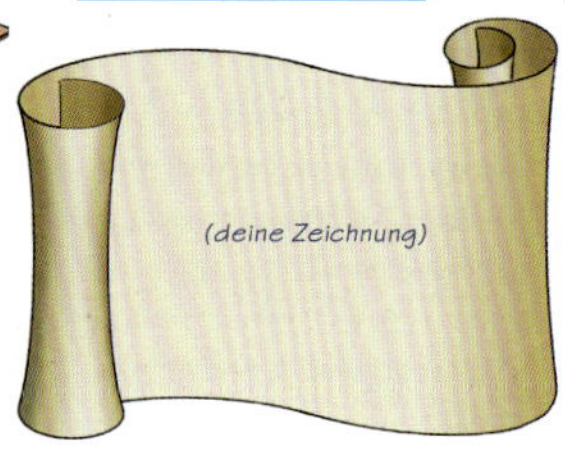

© Illustrationen: Andreas Fischer, Köln

Grundstufe

Gedanken, Ideen und Gefühle aufschreiben

1. Betrachte das Bild. Schreibe in die Denkblasen, was dir zu dem Bild einfällt.
Z. B.: Wohin fliegt der Ballon? Wer sitzt darin? Was denken und fühlen die Menschen im Ballon?

2. a) Schreibe ein kleines Gedicht zu diesem Bild in dein Heft.
b) Wie heißt dein Gedicht? Gib ihm eine Überschrift.
Du darfst das Gedicht auch in einer anderen Sprache aufschreiben.

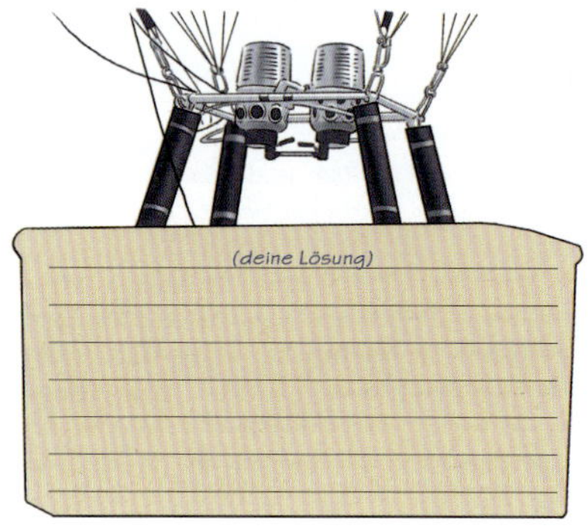

© Illustration: Andreas Fischer, Köln
© Foto: fotolia – Bernord 63

Mittelstufe

Ein Gedicht weiterschreiben

Gruselett

Der Flügelflager gaustert
durchs Wiruwaruwolz,
die rote Fingur plaustert,
und grausig gutzt der Golz.

(Christian Morgenstern)

Info:
Der Dichter hat sich hier etwas ganz Besonderes einfallen lassen.
Er hat ein Gedicht mit vielen Fantasiewörtern geschrieben.

1. Halte in der Tabelle fest:
a) Welche Figuren kommen im Gedicht vor?
b) Was tun diese Figuren?
c) Überlege dir weitere Figuren. Notiere, was diese machen.

Figuren, die im Gedicht vorkommen:	**Das machen die Figuren:**
der Flügelflager	*gaustert durchs Wiruwaruwolz*
die rote Fingur	*plaustert*
der Golz	*gutzt grausig*
Meine erfundenen Figuren heißen:	
(deine Idee)	*(deine Idee)*

2. Schreibe das Gedicht „Gruselett" weiter.

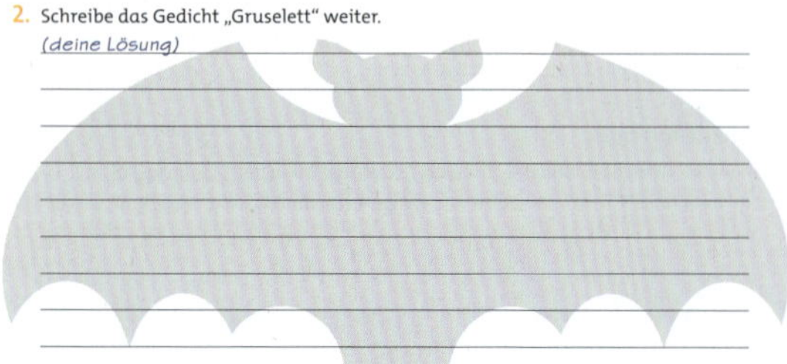

http://www.lernwege-deutsch.de/21

© Illustration: Achim Schulte, Dortmund

Erweiterungsstufe

Ein Parallelgedicht schreiben

Die Ameisen

In Hamburg lebten zwei Ameisen,
Die wollten nach Australien reisen.
Bei Altona auf der Chaussee
Da taten ihnen die Beine weh,
Und da verzichteten sie weise
Dann auf den letzten Teil der Reise.

(Joachim Ringelnatz)

Schwierige Entscheidung

Ein Maulwurf und zwei Meisen
beschlossen zu verreisen
nach Salzburg oder Gießen.
Ob sie dabei zu Fuß gehen sollen
oder aber fliegen wollen –
das müssen sie noch beschließen!

(Paul Maar)

Info:
Joachim Ringelnatz hat 1930 ein lustiges Gedicht geschrieben von Tieren, die verreisen wollen: „Die Ameisen". Viele Jahre später hat Paul Maar auch ein Gedicht zu diesem Thema verfasst: „Schwierige Entscheidung". Gedichte, die sich an den Inhalt und die Form eines anderen Gedichtes halten, nennt man Parallelgedichte.

1. Schreibe die beiden Gedichte in Schönschrift auf ein Schmuckblatt.
2. Schreibe selbst ein weiteres Parallelgedicht zum Thema „Tiere, die verreisen wollen".

Mein Parallelgedicht

(deine Lösung)

http://www.lernwege-deutsch.de/22
http://www.lernwege-deutsch.de/23

© Illustrationen: Andreas Fischer, Köln
© Paul Maar, in: Dann wird es wohl das Nashorn sein. Weinheim: Beltz & Gelberg, 1988

Lernwege Deutsch 5

Texte untersuchen und schreiben

Verfasst von Jasmin Merz-Grötsch (Hrsg.),
Ute Fenske, Bernd Kinzl

Mildenberger

Zum Aufbau des Heftes findest du Hinweise auf der Umschlaginnenseite vorn. Die Aufgaben beginnen in der *Vorstufe* und werden von der *Grundstufe* über die *Mittelstufe* bis zur *Erweiterungsstufe* immer anspruchsvoller.

<table>
<tr><th>Einheiten</th><th>Was ich weiß und was ich kann.
Kompetenzen, die ich erwerbe.</th><th>Das kann ich schon.</th><th>Hier bin ich mir nicht ganz sicher.</th><th>Hier möchte ich weiter-machen.</th></tr>
<tr><td rowspan="4">Wir wollen einen Klassenhund – Meinungen äußern und begründen 30
Wortschatz: Aufgaben von Hunden 32
Wortschatz: Wünsche und Meinungen äußern 33
Einen Hund anschaffen? – Meinungen zuordnen 34
Hund im Klassenzimmer – Begründungen formulieren 35
Begründungen aus einem Text heraussuchen 36
Nicht jeder Hund kann Schulhund werden – Begründungen formulieren 37
In einem Brief Meinungen begründen 38
Einen Brief überarbeiten 39</td><td>Ich kann Wünsche und Meinungen äußern.</td><td></td><td></td><td></td></tr>
<tr><td>Ich weiß, wie man Begründungen erkennt und formuliert.</td><td></td><td></td><td></td></tr>
<tr><td>Ich kann meine eigene Meinung begründen.</td><td></td><td></td><td></td></tr>
<tr><td>Ich kann in einem Brief andere von meiner Meinung überzeugen.</td><td></td><td></td><td></td></tr>
<tr><td rowspan="4">Märchenwelten: Hinter den sieben Bergen ... –
Märchen lesen und untersuchen 40
Wortschatz: Märchen – Eigenschaften zuordnen 42
Merkmale von Märchen erkennen 44
Märchentexte in Abschnitte unterteilen – den Inhalt wiedergeben 46
Vom Dummling zum Helden: ein Märchen mithilfe von Fragen untersuchen 50</td><td>Ich weiß, woran man Märchen erkennt.</td><td></td><td></td><td></td></tr>
<tr><td>Ich weiß, welche Merkmale zu Märchen gehören.</td><td></td><td></td><td></td></tr>
<tr><td>Ich weiß, wie die Handlung eines Märchens aufgebaut ist.</td><td></td><td></td><td></td></tr>
<tr><td>Ich kann ein Märchen mithilfe von Fragen untersuchen.</td><td></td><td></td><td></td></tr>
<tr><td rowspan="3">Märchenhaft –
ein Märchen schreiben 54
Wortschatz: Märchen erkennen 56
Hier stimmt was nicht! – eine Handlung in die richtige Reihenfolge bringen 58
Ein Märchen zu Ende schreiben 59
Ein eigenes Märchen schreiben – Ideen sammeln 60
Ein eigenes Märchen schreiben – Handlung festlegen, spannend aufschreiben 61
Die Redaktionskonferenz – Rückmeldungen zu einem Text geben 62
Märchenwerkstatt – zu einem Bildimpuls ein Märchen schreiben 63</td><td>Ich weiß, wie ich Ideen sammeln kann, um ein eigenes Märchen zu schreiben.</td><td></td><td></td><td></td></tr>
<tr><td>Ich weiß, was ich beim Schreiben beachten muss, damit es ein Märchen wird.</td><td></td><td></td><td></td></tr>
<tr><td>Ich weiß, wie ein Märchen zu Ende zu schreiben ist und wie ich einen eigenen Schluss finde.</td><td></td><td></td><td></td></tr>
</table>

Einheiten	Was ich weiß und was ich kann. Kompetenzen, die ich erwerbe.	Das kann ich schon.	Hier bin ich mir nicht ganz sicher.	Hier möchte ich weiter-machen.
Dichterwerkstatt – Gedichte schreiben 96 Zum eigenen Namen etwas schreiben 98 Gedanken, Ideen und Gefühle aufschreiben 99 Ein Gedicht weiterschreiben 100 Ein Parallelgedicht schreiben 101	Ich weiß, dass sich Gedichte nicht immer reimen müssen.			
	Ich kann ein Gedicht weiterschreiben.			
	Ich kann selbst ein Gedicht schreiben.			
Merkwissen 102				

Das Lernen lernen

Seine Arbeit planen – einen Zeitplan erstellen

Manchmal ist es zum Verrücktwerden. Es kommt einfach vieles zusammen und man weiß nicht mehr, wo man anfangen soll. So geht es Mona diese Woche.

Jeden Tag Schule bis 13 Uhr
Mittwoch: Diktat schreiben
Donnerstag: Mathetest schreiben

Dienstag, 15 bis 17 Uhr: Treffen mit Anja – Lernen für den Mathetest
Montag, 17 bis 18 Uhr: Zahnarzt
Montag, 15 bis 16 Uhr: Üben für das Diktat
Mittwoch, 15 bis 18 Uhr: Sport
Freitag, 16 bis 19 Uhr: Paulos Geburtstag
Samstag: nachmittags Vater beim Einkauf helfen

Ein Zeitplan kann Mona helfen, ihre Arbeit besser zu übersehen. Da sie jeden Tag bis 13 Uhr Schule hat, macht sie sich für die Nachmittage einen genauen Plan und trägt dort alles ein, was diese Woche zu tun ist.

1. Trage in die folgende Übersicht ganz genau ein, was Mona diese Woche zu tun hat. Trage zuerst die fest vereinbarten Termine blau ein. Markiere dann die freien Zeiträume mit einem gelben Stift.

Uhrzeit	Montag	Dienstag	Mittwoch	Donnerstag	Freitag	Samstag	Sonntag
14.00							
15.00		Mathe lernen					
16.00							
17.00	Zahnarzt						
18.00							

2. Übertrage die Tabelle in dein Heft und erstelle deinen eigenen Zeitplan. Trage deine Termine für die kommende Woche ein. Markiere die freien Zeiträume gelb.

Aufgaben verstehen

Dieses Arbeitsheft enthält sehr viele Aufgaben. Beispielsweise sollst du Wörter in eine Tabelle **übertragen**, Schlüsselwörter in einem Text **unterstreichen** oder etwas im Wörterbuch **nachschlagen**.
Die Verben in der Aufgabenstellung zeigen dir, was du tun sollst. Ganz wichtig ist, dass du dir Zeit nimmst und die Aufgabenstellung genau liest.

1. Die folgenden Aufgaben stammen aus diesem Arbeitsheft. Nimm ein Lineal und einen Stift und unterstreiche in den Aufgabenstellungen die Verben.

Übertrage den Text in dein Heft.	Schlage im Wörterbuch nach.
Vergleiche deine beiden Ergebnisse.	Begründe deine Meinung.
Kreuze die richtige Lösung an.	Ergänze den Lückentext.

2. Kontrolliere mithilfe des Lösungsheftes, ob du die richtigen Verben unterstrichen hast.

3. In der Tabelle stehen die Bedeutungen der Verben. Ordne die Verben aus den Aufgabenstellungen der jeweiligen Bedeutung zu.

Bedeutung des Verbs	**Verb**
einen Text oder eine Tabelle, die im Arbeitsheft steht, ins Deutschheft schreiben	
sich in einem Wörterbuch oder Lexikon eine Auskunft holen	
etwas hinzufügen; zum Beispiel eine Liste oder einen Satz vervollständigen	
etwas durch ein Kreuz hervorheben	
zu einer Sache Stellung nehmen, Gründe für oder gegen etwas finden	
zeigen, wo die Unterschiede und die Gemeinsamkeiten liegen	

Aufgaben sorgfältig bearbeiten

Es ist nicht immer ganz einfach, seine Aufgaben so zu erledigen, dass sie am Ende ordentlich und fehlerfrei im Heft stehen.

1. In der folgenden Checkliste sind schon einige Tipps für „sauberes Arbeiten“ eingetragen.
Wenn dir noch etwas fehlt, kannst du dies auch noch ergänzen:

Checkliste:
1. den Schreibtisch aufräumen
2. deutlich und gut lesbar schreiben
3. Wichtiges mit einem Lineal unterstreichen
4. das Heft beschriften: Fach, Name, Klasse
5. Bleistifte und Farbstifte anspitzen
6. einzelne Arbeitsblätter und Schmuckblätter lochen und abheften
7. ______________________________
8. ______________________________
9. ______________________________
10. ______________________________

2. In deinem Arbeitsheft gibt es immer wieder Aufgaben, die du in deinem Deutschheft erledigen sollst. Gehe dabei folgendermaßen vor:

Arbeitsschritt	Beispiel
1. Übertrage die Überschrift des Lernkapitels in dein Heft und unterstreiche sie mit einem Lineal.	**Fledermäuse – einem Text Informationen entnehmen**
2. Schreibe die Aufgabe mit der Aufgabennummer auf.	**Aufgabe 3** Schreibe einen Text für die Schülerzeitung. Nutze die Informationen aus dem Text.
3. Nun kannst du mit deinem Text beginnen.	**Die Geschichte vom großen Mausohr** Eines Tages ...

Mit der Wörtersonne arbeiten – Ideen sammeln

Stelle dir vor, du planst deine Geburtstagsfeier. Wahrscheinlich schwirren dir dazu sehr viele Ideen im Kopf herum. Damit du nichts Wichtiges vergisst und deine Geburtstagsfeier ein voller Erfolg wird, ist es hilfreich, wenn du deine Gedanken und Ideen zunächst aufschreibst. Die Wörtersonne ist eine ideale Methode dafür:

1. Nimm dir ein DIN-A4-Blatt, lege es quer vor dich hin, schreibe den Begriff „Geburtstagsfeier" in die Mitte des Blattes und kreise ihn ein. Zeichne dann mit einem Lineal rund um den Kreis Linien (wie Sonnenstrahlen).

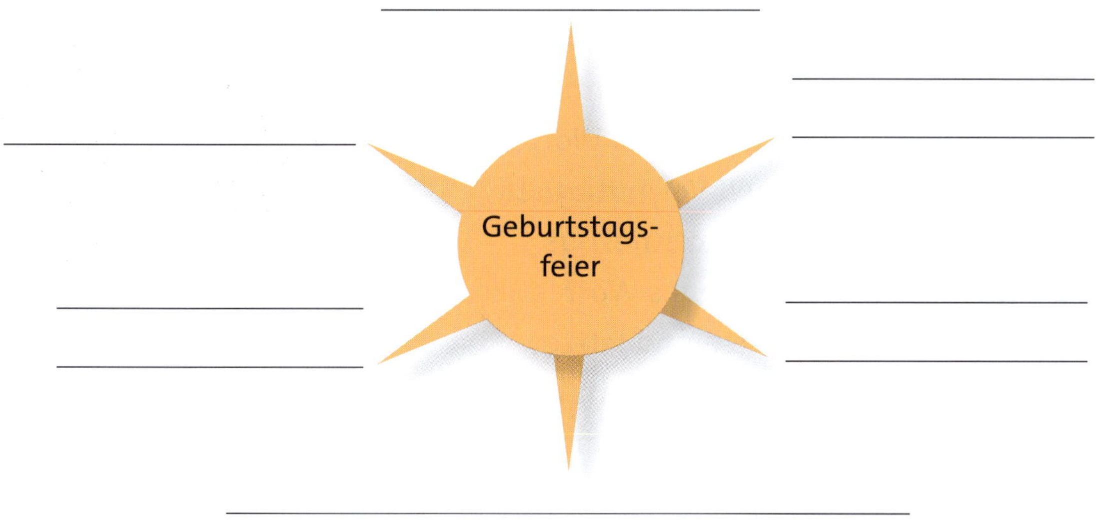

2. Schreibe deine Ideen zum Thema rund um die Sonne ans Ende der Sonnenstrahlen.

3. Zeichne selbst eine Wörtersonne. Du kannst dir ein Thema dazu aussuchen. Wenn dir keines einfällt, gibt es hier ein paar Anregungen. Du kannst dir eine davon aussuchen und in die Mitte der Wörtersonne eintragen: „Mein Lieblingsfilm" oder „Ein Tag im Freizeitpark", „Endlich Ferien", „Mein Berufswunsch".

Auch wenn du einen eigenen Text schreibst, ist es wichtig, dass du in einem ersten Schritt deine Ideen notierst. Die Wörtersonne hilft dir dabei. Lege sie beim Schreiben eines Textes neben dein Heft und behalte sie im Auge. Dann kannst du sicher sein, dass du an alles denkst, was dir wichtig ist.

Lesefertigkeit trainieren

Flüssig lesen können

Wie Lesen funktioniert

Lseen sotlle eingetlich nicht so schewr sein. Schleißilch haben es veile Meschnen schon gerelnt. Niemnad ist als Leseprofi geberon. Zurest lenrt das Gehrin jeedn einlzenen Bustchaben zu erelsen. Das Lseen ist deshlab noch müsham. Schon blad können dann merhere Bustchaben auf eimnal geelsen wedren. Und schleißilch erknent das Gehrin gazne Wötrer sofrot wieder. Es blidet schnell Vermutugnen darüber, wie ein Wrot hießen kötnne. Das Gehrin bestizt nälmich ein eigenes Wötrebuch, das tälgich dazulenrt. Der ertse und lettze Bustchabe reichen igrendwann, um ein Wrot zu erknenen. Und das Lseen funtkinoiert so immer schenller.

1. Lies den fehlerhaften Text so, dass du den Inhalt verstehst.

2. Warum lesen geübte Leser viel schneller als Leseanfänger?
Schreibe deine Vermutung auf.

3. Lies auch den folgenden fehlerhaften Text.
a) Ziehe sinnvolle Trennstriche an den Wortgrenzen.
b) Übertrage den Text anschließend in richtiger Schreibweise in dein Heft.

Ge übte|Le sernut zenWo rtbaust eine und dieWort gre nzenal sErle sehil fe. Auch die großschrei bungder nom enund dersat zanfängehi lftdem gehirndiewör terwie der zuer kennen.

In diesem Kapitel kannst du lernen, ...

- wie Lesen funktioniert.
- was du tun kannst, um deine Lesefertigkeit zu verbessern.
- worauf es beim Lesen ankommt.

Hinweis:
Für diese Trainingseinheit werden Stoppuhren benötigt.

Hier findest du heraus, was du schon kannst:

1. Prüfe nach, wie gut du schon lesen kannst:
   – Übe den folgenden Text vorher nicht. Versuche, flüssig und fehlerfrei zu lesen.
   – Suche dir einen Partner, der dir genau 30 Sekunden beim Lesen des Textes zuhört und dann „Stopp" sagt. Du kannst auch in deinem Smartphone den Countdown-Timer auf 30 Sekunden einstellen. Höre beim Alarm mit dem Lesen auf und markiere mit einem Strich die Stelle im Text.

Über das Lesen

Vielleicht hast du diese Beobachtung auch schon gemacht: Du sitzt an deinem Schreibtisch, liest in deinem Buch und merkst, dass du gar nicht konzentriert bist. Die Gedanken reisen durch die Gegend und sind überall, nur nicht beim Text. Man hat also Zeit verwendet, um etwas zu lesen, das man am Ende gar nicht verstanden hat. Sobald ich das bei mir bemerke, breche ich das Lesen ab. Wenn es mir wichtig ist, gehe ich einige Zeilen zurück.

Eine andere Entdeckung habe ich ebenfalls gemacht. Ich lese meinem kleinen Bruder abends häufiger eine Gutenachtgeschichte vor. Das macht mir Spaß, denn er bewundert mich für meine Lesekünste. Ich versuche dabei, immer gut betont zu lesen. Manchmal gelingt es mir sogar, meine Stimme zu verstellen. So hört es sich an, als würden die Personen in Wirklichkeit sprechen. Und ich bemerke dann, wie sich der Gesichtsausdruck meines Bruders verändert, weil er manche Stellen lustig oder spannend findet.

Bis zu welcher Stelle bist du gekommen? – Die Farbe zeigt dir, wie gut du schon bist und wo dein Lernweg weitergehen kann:

Vorstufe und Grundstufe   Mittelstufe und Erweiterungsstufe

http://www.lernwege-deutsch.de/3

Laute lesen – tierische Robotersprache

1. Die Roboterkatze soll lesen lernen.

a) Lies der Katze jeden Laut vor.

Selbstlaute (Vokale)

a
e
i
o
u

Zwielaute (Diphthonge)

eu
äu
ei
au

Umlaute

ä
ö
ü

b) Lies auch diese Laute vor.

Mitlaute (Konsonanten)

l z g j h r x q w

Diese Laute sind schwer zu unterscheiden:

b p   d t   g k c

s sch   m n   f v

c) Die Roboterkatze soll Laute verbinden.
Trage ein, was dir gefällt, und lies vor.

b au   z i

Silben lesen in Robotersprache

1. Lies in Silben wie die Roboterkatze.

Gu – ten Tag! Ich hei – ße
Ro – ber – ti – na und bin ei – ne
mo – der – ne Haus – kat – ze.
Den Haus – halt mei – ner
Tier – freun – de ver – sor – ge
ich im Hand – um – dre – hen.
Mit mei – ner ein – ge – bau – ten
Wasch – ma – schi – ne las – sen
sich Klei – der pro – blem – los
wa – schen.

2. Die Roboterkatze war wieder fleißig. Was hat sie gewaschen?
a) Lies in Silben.

Schmet – ter – lings – mi – ni – rock

A – mei – sen – strumpf – ho – se

Eich – hörn – chen – pul – lo – ver

Wein – berg – schne – cken – hemd

Re – gen – wurm – blu – se

b) Überlege dir selbst weitere Kleidungsstücke für Tiere. Schreibe sie in Silben in dein Heft.

~~Hunde-~~	*Hun – de – wes – te*	~~-weste~~
Katzen-		-krawatte
Kaninchen-		-socke
...-		-...

http://www.lernwege-deutsch.de/4

Wortteile wiedererkennen – den Bausteinen auf der Spur

1. Der Tierpfleger hat viel zu tun.
a) Lies die Liste „Was ich tun muss“.
b) Kreise in den Wörtern die Wortbausteine mit Farbe ein.
Beachte: Es gibt vorangestellte und nachgestellte Wortbausteine, also Anfangs- und Endbausteine.

Was ich tun muss:

Vorführung vorbereiten

Eingang aufschließen

Besucher begrüßen

Gehege ausmisten

Fütterung veranlassen

Stroh ausstreuen

Stall ausputzen

Bewässerung beauftragen

2. Lies die Liste aus Aufgabe 1 mehrmals, so schnell es geht, und stoppe die Zeit.

○ Runde 1 ________ ○ Runde 2 ________ ○ Runde 3 ________

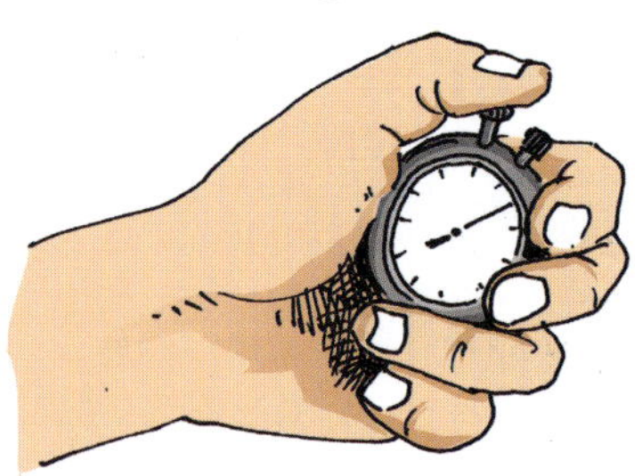

○ Mein persönlicher Rekord ________

Das ist mir beim Zeitvergleich aufgefallen:
Mein Lesetempo wurde schneller. ☐ Ja ☐ Nein

3. Suche weitere Wörter mit den Wortbausteinen in der Lupe. Schreibe sie ins Heft.

Wortteile wiedererkennen – den Bausteinen auf der Spur

4. Trainiere deine Leseflüssigkeit.
a) Runde 1: Lies zuerst die linke Spalte, so schnell es geht. Stoppe die Zeit. Trage den Wert ein.
b) Lies die rechte Spalte mehrmals und trainiere damit dein Lesetempo.
c) Runde 2: Lies nun die linke Spalte noch einmal so schnell, wie es geht, und stoppe die Zeit. Vergleiche deine beiden Ergebnisse.

○ Runde 1 ________

○ Runde 2 ________

Schneckenfutter
Zeckenfalle
Giraffenflecken
Krallenaffenmutter
Brüllaffenkrawall
Schmetterlingsgeflatter
Klapperschlangengeklapper
Ringelnattergeschnatter
Brillenbärengekletter
Brillenblattnasengroßmutter

Schne cken fut ter
Ze cken fal le
Gi raf fen fle cken
Kral len af fen mut ter
Brüll af fen kra wall
Schmet ter lings ge flat ter
Klap per schlan gen ge klap per
Rin gel nat ter ge schnat ter
Bril len bä ren ge klet ter
Bril len blatt na sen groß mut ter

Info:
Buchstaben, die häufig zusammen vorkommen, speichert das Gehirn als Wortteile ab. So kann es diese Wortteile sofort wiedererkennen und immer schneller verarbeiten.

lustrationen: Wolters-Design, Braunschweig

Mitdenkend lesen – Wörter erraten

1. Im folgenden Text fehlen Wörter.
   a) Lies den Text ohne die fehlenden Wörter.
   b) Lies den Text noch einmal und fülle die Lücken sinnvoll.
   c) Wie geht die Geschichte zu Ende? Schreibe in dein Heft.

Der Hase und der Igel

an
Beine
anderen
eins
Mann
Morgen
sind
Ackers
schon

Es war einmal ________ einem schönen Sommermorgen. Der Igel ging voller Freude spazieren. Er traf einen Hasen und wünschte ihm freundlich einen guten ______________ . Der stolze Hase fragte: „Was machst du denn hier?" „Ich gehe spazieren", antwortete der Igel. „Spazieren? Mit so kurzen Beinen?", machte sich der Hase lustig. Darüber ärgerte sich der Igel sehr und sprach: „Meinst du, deine __________ sind besser?" Der Hase prahlte: „Daran besteht ja wohl kein Zweifel!" Der Igel erwiderte: „Meine Beine ________ super. Ich wette, ich laufe schneller als du!" „Die Wette gilt", sagte der Hase, „in einer halben Stunde treffen wir uns am Acker." Der Igel rannte nach Hause und erklärte seiner Frau, was passiert war. Dann sagte er: „Hör dir meinen Plan an: Der Hase läuft in der einen Ackerfurche und ich in der ____________, so kann er mich nicht sehen. Du wartest am Ende meiner Ackerfurche. Sobald der Hase ankommt, rufst du schnell: „Ich bin schon hier!" Als es Zeit war, standen Hase und Igel am oberen Ende des ____________ nebeneinander. Der Igel zählte herunter: „Drei – zwei – ________ – los!" Sofort rannte der Hase den Acker hinunter. Auf den Igel, der nur ein paar Schritte lief, achtete er bald nicht mehr. Als der Hase am Ziel ankam, stand dort die Igelfrau und rief: „Ich bin __________ hier!" Der Hase wunderte sich, bemerkte aber nichts. Die Igelfrau sah genauso aus wie ihr __________ .

Info:
Mithilfe des Textzusammenhangs stellt das Gehirn eine Vermutung darüber auf, wie das folgende Wort heißen könnte. Damit gelingt das Lesen immer schneller.

Betont vorlesen – die Stimme verändern

1. Im folgenden Text wechseln sich Frosch und Fuchs bei der wörtlichen Rede ab. Kannst du die verschiedenen Stimmlagen nachahmen?

Der Fuchs und der Frosch

Ein durstiger Fuchs kommt zu einem Teich, um zu trinken. Doch ein Frosch auf einem Seerosenblatt irritiert ihn.

„Warum sitzt du hier herum?“, fragt der Fuchs.
„Ich fange Fliegen!“, antwortet der Frosch, „willst du eine probieren?“ Der Fuchs lehnt ab: „Ich esse keine Fliegen!“
„Aber Fliegen sind doch lecker!“, meint der Frosch.
„Schön, wenn es dir schmeckt!“, ruft der Fuchs.
„Aber ich werde nie eine Fliege essen, verstanden?“
„Du musst nicht gleich schreien!“, sagt der Frosch.
„Ich schreie nicht!“, schreit der Fuchs.
„Habe ich dir etwas getan?“, erkundigt sich der Frosch.
„Wenn du jetzt nicht mit deinem dummen Geschwätz aufhörst, dann fresse ich dich auf!“, faucht der Fuchs.
„Das wird aber schwierig“, ruft der Frosch, „du kannst sicher nicht schwimmen und ein Boot sehe ich hier nirgends.“
„Was fällt dir ein?“, brüllt der Fuchs.
„Bitte – schrei – nicht – so!“, sagt der Frosch.
„Ich schreie nicht!“, schreit der Fuchs, „und jetzt gib endlich Ruhe!“ „Ich habe deine Ruhe nicht gestört“, ruft der Frosch, „du allein hast geschrien.“
Da brüllt der Fuchs: „NEIN! Ich halte es nicht mehr aus! Ich suche mir jetzt einen anderen Teich, um zu trinken. Und wenn ich wiederkomme, dann fresse ich dich auf!“
„Na gut, aber vergiss deine Schwimmweste nicht!“, murmelt der Frosch dem Fuchs hinterher.

Das ist mir aufgefallen:
Wenn ich meine Stimme verändere, wirkt der Text lebendiger. ☐ Ja ☐ Nein

Illustrationen und Symbol: Wolters-Design, Braunschweig
xt angelehnt an „Der Löwe und der Frosch“ von Paul Dahl (http://www.lustige-geschichten.net/Tiergeschichten/Tiergeschichten/Tiergeschichten-Loewe-Frosch.html)

Mitdenkend lesen – „Witze reparieren“

1. a) Lies den folgenden Witz, bei dem etwas durcheinandergeraten ist.
b) Bringe den Witz in die richtige Reihenfolge. Schreibe ihn dann in dein Heft.
c) Lies mit verschiedenen Stimmlagen. Baue nach jedem Abschnitt Sprechpausen ein.

Das Zebra antwortet leise: „Na du, Löwe!“
Wenig später trifft er ein Erdmännchen.
„Wer ist der König der Tiere?“ „Na du, Löwe!“

Schließlich trifft er einen Elefanten: „Wer ist der König der Tiere?“ Der Elefant packt den Löwen mit seinem Rüssel und schüttelt ihn ordentlich durch.
Der Löwe wird ganz kleinlaut: „Man wird doch noch mal fragen dürfen.“

Ein Löwe läuft stolz durch den Dschungel.
Er trifft auf ein Zebra und brüllt: „Wer ist der König der Tiere?“

Das ist mir aufgefallen:

Um einen Text gut betont zu lesen, muss ich ihn verstehen.	☐ Ja	☐ Nein
Wenn ich nicht zu schnell lese, verstehe ich den Text besser.	☐ Ja	☐ Nein
Mit Sprechpausen wird mein Lesevortrag besser.	☐ Ja	☐ Nein

2. a) Bringe den folgenden Witz in eine sinnvolle Reihenfolge. Schreibe ihn in dein Heft.
b) Lies ihn gut betont vor.

Zu Hause ist der Mann irgendwann doch neugierig und kneift den Eisbären in die Nase. Der Bär richtet sich auf, brüllt und verfolgt den Mann durch die ganze Wohnung.

Ein Mann besucht die Zoohandlung und möchte einen Eisbären. Der Verkäufer hat einen im Angebot und versichert dem Mann: „Der Eisbär ist sehr lieb und zahm. Nur ja nicht in die Nase kneifen!“

Als der Mann nicht mehr rennen kann, haut ihn der Eisbär mit seiner Pfote: „Hab dich, du bist dran!“

Über den Leseprozess nachdenken

1. Lies folgenden Text leise für dich.

Stark wie ein Bulle mit Energydrinks

Energydrinks sind gerade bei der jungen Generation sehr beliebt. Sie gehören wie Cola zu den koffeinhaltigen Erfrischungsgetränken. Die Getränke enthalten neben Koffein oft noch Zutaten wie Taurin, Inosit und Glucoronolacton sowie jede Menge Zucker oder Süßstoffe. In vielen angebotenen Energydrinks sind auch Pflanzenextrakte wie Mate oder Guarana enthalten. Das süß schmeckende Myo-Inositol, das sich ebenfalls oft auf der Zutatenliste findet, soll angeblich die Gedächtnisleistung und Fettverbrennung steigern. Die Werbung verspricht auch, dass die Drinks bullenstark machen und neue Energie spenden. Experten sehen das anders. Tatsächlich bewirken die Drinks Unruhe, Reizbarkeit und Konzentrationsschwierigkeiten. Empfindliche Personen können sogar unter Herzrasen und Schwindel leiden.

a) Unterstreiche die schwierig zu lesenden Wörter.
b) Versuche, den gesamten Text laut und fehlerfrei vorzulesen.

Das ist mir aufgefallen:
Sobald ein unbekanntes Wort auftaucht, wird meine Lesegeschwindigkeit langsamer. ☐ Ja ☐ Nein

Info:
Wenn wir konzentriert sind, überwacht unser Gehirn, was und wie wir lesen. Stellt es fest, dass Wörter unbekannt sind, gibt es meist den Befehl, langsamer und genauer zu lesen.

Allerlei über Fledermäuse

Texten Informationen entnehmen

Überschrift: ______________________

Auch in diesem Jahr findet wieder eine Fledermausnacht statt. Jedes Jahr laden Naturschützer Kinder und Erwachsene dazu ein. Man kann viel über Fledermäuse erfahren. In Deutschland leben 24 Fledermausarten. Abends und nachts werden bei Wanderungen Fledermäuse beobachtet und belauscht. Dazu braucht man in der Dunkelheit Nachtsichtgeräte.

1. Notiere in Sätzen, was du schon alles über Fledermäuse weißt:

____

____

2. Lies den Text. Welche Überschrift passt?
Kreuze an. Trage die Überschrift über dem Text ein.
☐ Eine Fledermausnacht
☐ Fledermausarten in Deutschland

____

____

____

____

____

3. a) Lies den Text noch einmal.
b) Beantworte die Fragen und schreibe die Antworten auf die Schreiblinien.

Wer lädt zur Fledermausnacht ein? ______________________

Wie viele Fledermausarten gibt es in Deutschland?

____

c) Unterstreiche die Antworten im Text.

In diesem Kapitel kannst du lernen, ...

- dein eigenes Wissen auf den Text zu beziehen.
- Fragen an einen Text zu stellen und zu beantworten.
- Texten Informationen zu entnehmen.
- Abschnitten im Text Überschriften zu geben.
- Informationen aus dem Text zusammenzufassen.

Hier findest du heraus, was du schon kannst:

Alles zum Schutz der Fledermäuse

Alle Fledermäuse in Deutschland stehen unter Naturschutz. Die Fledermäuse dürfen nicht gestört oder gefangen werden. Ihre Lebensräume müssen erhalten werden. Für den richtigen Schutz der Fledermäuse muss man sich gut über ihre Eigenschaften und ihre Lebensweise informieren.
Jedes Jahr veranstaltet daher der Naturschutzbund an vielen Orten eine Fledermausnacht. Immer am letzten Wochenende im August treffen sich Fledermausschützer und laden zu vielen Aktionen rund um das Thema Fledermaus ein. In Vorträgen und Filmen wird über Fledermäuse berichtet. Bei einer Nachtwanderung sucht man Lebensräume der Fledermäuse auf und kann sie mit etwas Glück auch beobachten.
Nicht nur in Deutschland, sondern auf der ganzen Welt sollen Fledermäuse geschützt werden. Seit 2001 gibt es sogar eine eigene Organisation für Fledermäuse bei der UNO.

1. Lies die Überschrift. Worum geht es in dem Text? Kreuze an.
- ☐ um die Lebensweise von Fledermäusen
- ☐ um den Schutz von Fledermäusen

2. Lies den Text genau. Unterstreiche wichtige Informationen.

3. Beantworte folgende Fragen in ganzen Sätzen. Schreibe in dein Heft.
a) Was darf man mit Fledermäusen nicht machen?
b) Wann findet die Fledermausnacht statt?

Illustrationen: Andreas Fischer, Köln

Fledermäuse – Besonderheiten kennenlernen

1. Welche Merkmale hat eine Fledermaus?
Verbinde die Fotos durch eine Linie mit den richtigen Wörtern in der Wörterbox.
Hilfe: Eine Linie ist schon vorgegeben.

Krallen	spitze Eckzähne	Fell	Flughaut

2. a) Trage die richtigen Wörter aus der Wörterbox in den Lückentext ein.

eine Flughaut	Fell	spitze Eckzähne	Krallen

Eine Fledermaus kann fliegen. Sie hat zwischen den Fingern ______________________. Sie hat keine Federn wie ein Vogel. Ihr Körper ist mit __________ bedeckt. Sie besitzt ______________________________, mit denen sie gut beißen kann. Ihre Finger haben ____________________. Die Fledermaus kann sich damit gut festhalten.

b) Schreibe den Text in dein Heft.

Die Nahrung heimischer Fledermäuse

1. a) Was fressen Fledermäuse in Deutschland? Im Kasten sind 5 Wörter versteckt. Sie können waagrecht oder senkrecht stehen. Markiere sie farbig.

K	P	M	Ü	C	K	E	P	Ö	M
A	B	C	D	E	F	G	H	I	J
K	F	A	L	T	E	R	L	M	F
O	P	Q	R	S	T	U	V	X	L
Y	Z	K	Ä	F	E	R	A	B	I
D	E	F	G	H	I	J	K	L	E
N	O	P	Q	R	S	T	U	V	G
X	Y	Z	S	P	I	N	N	E	E
A	B	C	D	E	F	G	H	I	J
K	L	M	N	O	P	Q	R	S	T

b) Schreibe die richtigen Wörter unter die Fotos.
Achtung: Am Wortanfang großschreiben!

Sp ____________________

____

____

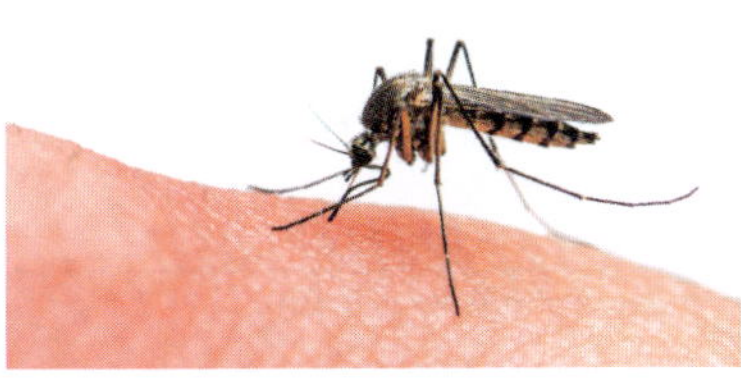

____

____

Fledermäuse – Schlüsselwörter finden

Fliegende Säugetiere

Fledermäuse sind eine ganz besondere Tierart. Der Körper der Fledermäuse ist mit seidigem Fell aus kurzen Haaren bedeckt.

Körperbau der Fledermaus

Nur auf den ersten Blick erinnern Fledermäuse mit ihrem kleinen Kopf an Mäuse. Die meisten Arten haben aber auffällig spitze Ohren und nur einen ganz kleinen Schwanz oder gar keinen.

Bei den Fledermäusen sind die Hände zu Flügeln ausgebildet. Die Hände haben sehr lange Finger, zwischen denen Haut gespannt ist. Diese Flughaut reicht bis zu den Füßen und dem Schwanz. Die Fledermäuse bewegen die Arme schnell auf und ab und können mithilfe der Flughaut fliegen.

Fledermäuse gehören wie wir Menschen zu den Säugetieren. Sie bringen lebende Junge zur Welt, die von der Mutter mit Milch gesäugt werden. Bei den meisten Fledermausarten wird nur ein Junges pro Jahr geboren, nur ganz selten zwei.

1. Lies den Text langsam und genau.

Info
Im ersten Abschnitt ist eine wichtige Information markiert. Dieses Wort nennt man Schlüsselwort. Wenn man dieses Wort liest, wird einem wie mit einem Schlüssel „erschlossen", worum es in dem Abschnitt hauptsächlich geht.

2. Worum geht es im ersten Abschnitt? Schreibe einen Satz und nutze das Schlüsselwort.

____

3. Worum geht es im zweiten bis vierten Abschnitt?
Markiere je ein Schlüsselwort im zweiten bis vierten Abschnitt.

Fledermäuse – Fragen an den Text stellen

Kopfüber schlafen

Fledermauskinder können von Geburt an mit dem Kopf nach unten hängen. Sie sind dafür besonders ausgerüstet: Die Sehnen und Knochen an den Füßen rasten ein, wenn die Tiere sich irgendwo anhängen. Sie benötigen für das Festhalten keine Muskelkraft. Wenn sie die Verankerung wieder lösen wollen, müssen sie die Muskeln bewegen. Auf diese Weise können Fledermäuse nicht aus Versehen im Schlaf herunterfallen. Auch erwachsene Fledermäuse schlafen mit dem Kopf nach unten. Wenn es im Winter keine Nahrung mehr gibt, halten Fledermäuse Winterschlaf. In Kellern, Höhlen oder alten Gebäuden schlafen sie und leben von ihren Fettreserven. Und natürlich hängen sie kopfüber!

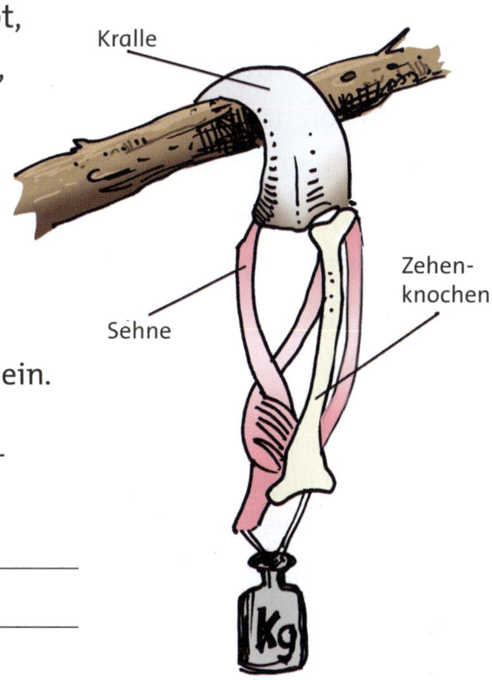

1 a) Unterstreiche im Text Schlüsselwörter.
b) Teile den Text durch einen Strich in Abschnitte ein.

2. Beantworte die Frage: Was passiert, wenn Fledermäuse sich festhalten wollen? Schreibe auf.

3. Stelle drei weitere W-Fragen zum Text und beantworte sie. Arbeite im Heft.

Wer? Was? Womit? Wie? Warum? Wovon? Wo? Wann?

llustration: Wolters-Design, Braunschweig
oto: fotolia – Adi Ciurea

Fledermäuse – dem Text Informationen entnehmen I

Fledermäuse leben gefährlich

Seit 1950 hat sich die Anzahl der Fledermäuse in Deutschland sehr verringert. Fledermäuse haben nur wenige natürliche Feinde. Dennoch leben sie gefährlich. Fledermäuse brauchen zum Überleben eine abwechslungsreiche Landschaft mit Bächen, Wiesen, Wäldern, Gärten und Siedlungen. Diese Landschaft gibt es nur noch selten. Daher finden Fledermäuse oft nicht mehr genug Nahrung. Außerdem gibt es immer weniger alte, hohle Bäume, in denen Fledermäuse wohnen können. Früher wohnten Fledermäuse auch in Kirchtürmen oder auf Dachböden in alten Häusern. Heute werden aber alte Gebäude oft abgerissen. Dächer werden häufig so repariert, dass die Fledermäuse nicht mehr hineinfliegen können. Leider werden auch immer wieder Fledermäuse getötet, weil man sie für gefährlich hält. Viele Fledermäuse sterben außerdem durch Gifte. Manche Dächer sind mit Holzschutzmitteln bearbeitet, die die Fledermäuse nicht vertragen. In der Landwirtschaft werden Schädlinge mit Mitteln bekämpft, die für Fledermäuse ebenfalls auf Dauer schädlich sind.

1. Lies den Text.
2. Suche im Text gezielt nach Gründen, warum Fledermäuse gefährdet sind. Unterstreiche diese Gründe.
3. Schreibe in Sätzen die Gründe auf, warum Fledermäuse sterben können.

Fledermäuse – Abschnitten Überschriften geben

Das Leben der Fledermaus im Verlauf des Jahres

Das Leben der Fledermäuse richtet sich nach den Jahreszeiten. Die Fledermäuse wechseln über das Jahr ihre Unterkünfte. In kühleren Gegenden finden Fledermäuse im Winter nicht genügend Nahrung. Sie ziehen sich daher zurück und halten Winterschlaf.

Überschrift:
Leben nach
Jahreszeiten

Im Frühjahr wachen die Fledermäuse auf und verbringen ihre Zeit zunächst mit dem Jagen und Fressen von Insekten. Weibchen und Männchen trennen sich und besiedeln unterschiedliche Wohnräume. Die trächtigen Weibchen suchen sichere, warme Orte, an denen sie gemeinsam leben können. In diesen sogenannten Wochenstuben bringen sie ihre Jungen zur Welt und versorgen sie auch gemeinsam.

Überschrift: ____________________

Im Sommer werden die Jungen rund acht Wochen lang aufgezogen. Wenn sie selbstständig sind, verlassen die Fledermäuse die Wochenstuben.

Überschrift: ____________________

Ende des Sommers oder im Herbst treffen sich Weibchen und Männchen wieder und paaren sich. Gemeinsam suchen sie am Ende des Herbstes nach Plätzen, die geeignet sind für den Winterschlaf.

Überschrift: ____________________

1. Lies den Text genau. Unterstreiche die Schlüsselwörter in den Abschnitten ab Zeile 7.
2. Finde Überschriften für diese Abschnitte des Textes.
3. Trage auf dem Zeitstrahl ein, was die Fledermäuse das Jahr über machen.

WINTER	FRÜHLING	SOMMER	HERBST
______	______	______	______

Fledermäuse – dem Text Informationen entnehmen II

In dieser Wohnung leben 500 Fledermäuse

Fledermäuse im Dachgeschoss

Als immer mehr Tiere der Art „Großes Mausohr“ einzogen, zog der menschliche Mieter der Wohnung aus. Jetzt zahlen Naturschützer die Miete – für ein ganz und gar „fledermausgerechtes“ Dachgeschoss. […] Mehr als 500 Große Mausohren leben im alten Pfarrhaus der evangelischen Kirchengemeinde in Eitorf im Rhein-Sieg-Kreis. Alle Tiere sind Weibchen, die in Kürze hier ihre Jungen zur Welt bringen und aufziehen werden. Die sogenannte Wochenstube in Eitorf ist eine der größten Fledermausquartiere in Deutschland.

Vor etwa sechs Jahren hatten Dachdecker bei Arbeiten im Haus Fledermauskot gefunden. Heidrun Brieskorn und ihr mittlerweile verstorbener Mann vom BUND-Arbeitskreis Mittlere Sieg forschten nach – und stellten fest, dass sich zahlreiche Fledermäuse der Art Großes Mausohr unter den Ziegeln eingenistet hatten. Dem damaligen Mieter der Dachgeschosswohnung wurde das irgendwann zu viel: Er zog aus – und stattdessen zogen bald noch viel mehr Fledermäuse ein.

Vor vier Jahren mietete der Naturschutzbund (Nabu) die Wohnung an. Mit Geldern der NRW-Stiftung machten sich die Tierschützer ans Werk und bauten die Räume fledermausgerecht um. So wurden Fenster verdunkelt, zusätzliche Ritzen zum Verstecken geschaffen und Bretter zum Anhängen angebracht. […]

1. Lies den Text langsam und genau.

2. Kreuze an: richtig oder falsch?

	richtig	falsch
Das „Große Mausohr“ ist eine Fledermaus.	☐	☐
Das Haus für die Fledermäuse wurde neu gebaut.	☐	☐
Im alten Pfarrhaus leben mehr als 500 Fledermäuse.	☐	☐
Die Naturschützer bekamen das Haus geschenkt.	☐	☐

3. Schreibe einen kurzen Text für die Schülerzeitung in dein Heft: „Eine Wohnung für Fledermäuse“.

Fledermäuse – Informationen zusammenfassen

Erste Hilfe für Fledermäuse

Schwache oder verletzte Fledermäuse brauchen Hilfe. Wenn man eine Fledermaus findet, sollte man sich erst einmal Handschuhe besorgen, denn die kleinen Tiere haben sehr spitze Zähne. Wenn man im Winter eine Fledermaus findet, sollte man vorsichtig prüfen, ob sie sich kalt anfühlt. Dann befindet sich die Fledermaus wahrscheinlich in einer Kältestarre.

Sie ist im Winterschlaf und sollte nicht geweckt werden. Am besten legt man sie draußen an einen sicheren Ort.

Fledermäusen mit offenen Wunden oder Brüchen kann nur der Tierarzt helfen. Man besorgt sich einen Schuhkarton oder eine andere Schachtel und hebt die Fledermaus vorsichtig hinein.

Man kann sie auch mit einem Tuch in den Karton legen. In den Deckel des Kartons macht man Luftlöcher. Der Karton muss für den Transport gut verschlossen werden, denn Fledermäuse sind kleine Ausbruchskünstler.

Wenn man eine Fledermaus gefunden hat und unsicher ist, was man machen soll, informiert man am besten den Naturschutzbund. Dort ist immer jemand, der weiß, was zu tun ist.

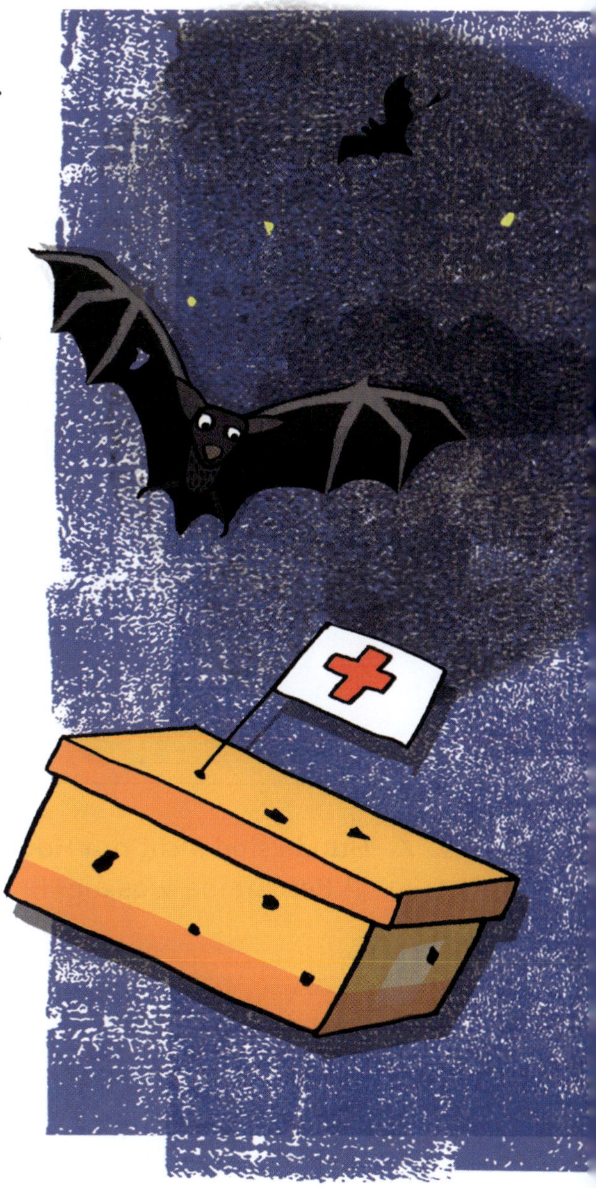

1. Lies den Text durch. Unterstreiche Schlüsselwörter.

2. Stelle mindestens 3 W-Fragen zum Text. Beantworte die Fragen im Heft.

____

____

____

____

3. Schreibe einen kleinen Text mit 3 bis 4 Sätzen in dein Heft: „Wie man eine Fledermaus retten kann.“

Wir wollen einen Klassenhund

Meinungen äußern und begründen

1. Was findest du an Hunden gut? Schreibe drei Sätze auf.

2. Hunde sind nicht nur Haustiere. Viele Hunde arbeiten auch mit Menschen zusammen.
a) Beschreibe, was die Hunde auf den Bildern machen.

b) Suche dir zwei Aufgaben aus, die Hunde noch erfüllen können.

3. Man hört immer wieder, dass Kinder bereits im Kindergarten den Umgang mit Hunden lernen sollten. Wie siehst du das? Begründe deine Meinung:

In diesem Kapitel kannst du lernen, ...

- wie du Wünsche und Meinungen äußern kannst.
- wie du Meinungen erkennst und verstehst.
- wie man Begründungen erkennt und formuliert.
- wie man die eigene Meinung begründet.
- wie man in einem Brief andere von seiner Meinung überzeugen kann.

Hier findest du heraus, was du schon kannst:

1. Stelle dir vor, du hast einen Hund. Was möchtest du mit ihm machen? Schreibe drei Wünsche auf.

____

____

____

2. Markiere im folgenden Text alle Begründungen.

In der Hundeschule

Viele Hundebesitzer gehen mit ihrem Hund in die Hundeschule, weil sie dem Hund Gehorsam beibringen wollen. In der Hundeschule dürfen die Hunde erst spielen, weil sie sich kennenlernen sollen. Dies ist wichtig, weil die Hunde sich wohlfühlen sollen. Um die Hundewiese gibt es Zäune, weil die jungen Hunde sonst weglaufen würden. Manche Hunde können sich nicht leiden und bellen sich an. Vielen Hunden macht die Hundeschule Spaß, denn sie lernen gern. Es ist auch gut für sie, mit anderen Hunden zusammen zu sein. Zuerst lernen die Hunde, aufmerksam zu sein, weil sie nur dann auf ihr Herrchen oder Frauchen achten. Die Hundetrainer arbeiten mit Belohnungen für die Hunde, weil sie so gut lernen. Hat ein Hund etwas richtig gemacht, bekommt er ein Leckerchen oder er wird gestreichelt.

Wortschatz: Aufgaben von Hunden

Das alles können Hunde

1. Schreibe die richtigen Bezeichnungen für die Hunde zu den Bildern.
Hilfe:
Ein **Jagdhund** hilft bei der Jagd, Spuren von Tieren zu finden.
Ein **Hütehund** hält eine Herde zusammen.
Ein **Rettungshund** sucht vermisste Personen.
Ein **Blindenhund** begleitet blinde Menschen.
Ein **Schlittenhund** zieht Schlitten.
Ein **Wachhund** bewacht Häuser und Grundstücke.

2. Hier fehlen die Verben. Schreibe die Sätze mit den passenden Verben ins Heft.
Die Verben stehen in der Wörterbox.

Der Jagdhund ______________ wilde Tiere.

Der Schlittenhund ______________ einen Schlitten.

Der Wachhund ______________ einen Bauernhof.

jagen:
ich jage – er jagt
ziehen:
ich ziehe – er zieht
bewachen:
ich bewache – er bewacht

Wortschatz: Wünsche und Meinungen äußern

1. a) Schreibe die Namen der Tiere mit Artikel unter die Bilder.

b) Hast du auch ein Haustier? Male es auf.

c) Welche Haustiere wünschst du dir? Schreibe auf.
Beispiel: *Ich wünsche mir …*

Ich möchte gern ein Haustier.

Info:
Wünsche drückt man so aus:
Ich möchte … Ich wünsche mir …
Ich will …
Der Ausdruck „ich möchte“ ist höflicher als „ich will“.

2. Warum möchtest du ein Haustier haben? Begründe deine Meinung.

lustrationen: Achim Schulte, Dortmund

Einen Hund anschaffen? – Meinungen zuordnen

1. Was spricht für die Anschaffung eines Hundes, was spricht dagegen?
Trage die Meinungen in die richtige Spalte der Tabelle unten ein.

Ein Hund kann gefährlich sein.

Ein Hund kann einen beschützen.

Es ist schön, einem Hund etwas beizubringen.

Mit einem Hund ist man viel an der frischen Luft.

Man braucht viel Zeit für einen Hund.

Ein Hund kostet viel Geld.

Ein Hund macht Schmutz.

Im Umgang mit einem Hund lernt man viel.

Das spricht für die Anschaffung eines Hundes	**Das spricht gegen die Anschaffung eines Hundes**

2. Suche weitere Gründe. Schreibe sie in dein Heft.

Hund im Klassenzimmer – Begründungen formulieren

1. Warum ist es gut, einen Schulhund im Klassenzimmer zu haben?
Verbinde die Satzteile mit einer Linie so, dass richtige Begründungen entstehen.

Info:
Begründungen werden oft mit **weil** oder **denn** eingeleitet.

Im Klassenzimmer ist es mit einem Schulhund leiser,	weil das den Hund stören würde.
Wir müssen ganz deutlich sprechen,	weil der Schulhund ganz lieb und kinderfreundlich ist.
Wir rennen nicht im Klassenzimmer herum,	weil der Hund keinen Lärm verträgt.
Ängstliche Kinder verlieren ihre Angst vor Hunden,	weil wir den Hund füttern und uns um ihn kümmern müssen.
Wir lernen, Verantwortung zu übernehmen,	weil der Hund sonst unsere Befehle nicht versteht.

2. Schreibe die richtigen, vollständigen Sätze auf.

lustration: Achim Schulte, Dortmund

Begründungen aus einem Text heraussuchen

Schule mit Klassenhund

Eine Schule in Freiburg hat sich für den Einsatz eines Schulhundes im Unterricht entschlossen. Der Hund besucht mit seinem Frauchen alle zwei Wochen den Unterricht.

Der Umgang mit dem Hund macht den Schülerinnen und Schülern viel Freude. Die Eltern und die Schülerinnen und Schüler hatten sich für einen Schulhund entschieden, weil es in manchen Klassen im Unterricht immer so laut war. Seit der Hund mit im Unterricht ist, ist es viel ruhiger. Manche Kinder haben jetzt auch keine Angst mehr vor Hunden, weil sie gelernt haben, mit dem Hund umzugehen. Unruhige Kinder sind ruhiger geworden, denn man stört den Hund, wenn man herumrennt. Mit dem Hund muss man ganz ruhig und deutlich sprechen, weil er sonst die Befehle nicht versteht. Mit Schulhund im Klassenzimmer müssen viele Regeln eingehalten werden, denn sonst ist der Hund verstört. Die Lehrerinnen und Lehrer finden den Unterricht insgesamt besser, weil die Schülerinnen und Schüler besser aufpassen.

1. Unterstreiche mit einem Lineal im Text die Gründe dafür, warum die Schule in Freiburg den Unterricht mit einem Schulhund gut findet.

2. Schreibe die Gründe auf, die du im Text gefunden hast.
   Hilfe: Beginne immer mit: Ein Klassenhund ist gut, weil ...

Nicht jeder Hund kann Schulhund werden – Begründungen formulieren

Welcher Hund eignet sich?

Ein Reporter der Freiburger Nachrichten interviewte zwei Schüler der Klasse, in der ein Schulhund im Unterricht anwesend ist.

Reporter: Wie ist denn eure Erfahrung? Kann man jeden Hund mit in die Schule nehmen?
Karim: Nein, auf keinen Fall. Der Hund muss ausgebildet sein. Der Hund von Frau Seiffert ist ausgebildet.
Reporter: Viele Hunde besuchen doch die Hundeschule. Ist das ausreichend?
Karim: Nein, der Hund von Frau Seiffert hat eine spezielle Ausbildung. Er hat den Umgang mit Schulkindern gelernt.
Sonja: Der Hund muss auch bestimmte Eigenschaften haben. Er darf nicht ängstlich sein.
Karim: Ja, und er darf auch nicht so empfindlich sein. Manchmal stoßen wir ihn aus Versehen. Manche Kinder gehen auch nicht sanft genug mit dem Hund um.
Reporter: Und der Hund ist den ganzen Morgen im Unterricht?
Sonja: Ja, der Hund muss den ganzen Morgen über ruhig sein. Er muss also auch sehr geduldig sein.
Karim: Unserem Schulhund macht auch der Lärm nichts aus.
Sonja: Ich glaube, Pancho – so heißt der Hund – spielt auch gern. Er weiß, dass er von uns mit Spielen belohnt wird, wenn er brav war.

1. Unterstreiche im Interview Textstellen, die angeben, welche Eigenschaften ein Schulhund haben muss.

2. Schreibe eine Suchanzeige für einen Klassenhund ins Heft. Schreibe in die Anzeige hinein, welche Eigenschaften der gesuchte Hund haben muss, und gib Gründe dafür an.

Hund gesucht,
der als Schulhund geeignet ist

Unsere Klasse sucht einen Hund, der an unserem Unterricht teilnehmen kann.

Hilfe: Nutze die Begründungen, die du im Interview gefunden hast. Schreibe so:
Wir brauchen einen Hund, der geduldig ist, denn er muss den ganzen Morgen im Unterricht ruhig sein.

In einem Brief Meinungen begründen

Die Klasse 5 hätte gern einen Schulhund. Sie schreibt daher einen Brief an die Schulleiterin Frau Bussmann. Die Einleitung und der Schluss sind schon fertig, der Hauptteil ist noch unvollständig.

> Hannover, den 10.1.20xx
>
> Sehr geehrte Frau Bussmann,
>
> in unserer Klasse ist der Wunsch entstanden, einen Schulhund für den Unterricht zu beantragen. Wir haben mit unseren Eltern gesprochen und sie wollen uns unterstützen. — **Einleitung**
>
> Wir sind der Meinung, dass ein Schulhund wirklich gut für unsere Klasse wäre, weil … — **Hauptteil**
>
> Es wäre nett, wenn Sie uns einen Klassenhund erlauben würden. Bitte geben Sie uns möglichst bald eine Antwort.
>
> Mit freundlichen Grüßen
> Ihre Klasse 5 — **Schluss**

1. Wie kann die Klasse Frau Bussmann überzeugen? Sammle zunächst in deinem Heft Gründe, die für die Anschaffung eines Schulhundes sprechen. Nutze dafür die Wörtersonne.

2. Hilf der Klasse, den Hauptteil zu vervollständigen. Die Wörtersonne hilft dir dabei. Schreibe in dein Heft.

Wir sind der Meinung, dass ein Schulhund wirklich gut für unsere Klasse wäre, weil der Umgang mit ihm den Kindern viel Freude macht. Außerdem …

Einen Brief überarbeiten

Die Kinder einer Klasse aus der Schule im Nachbarort haben von der Idee mit dem Klassenhund gehört und sind begeistert. Sie möchten auch einen Klassenhund. Sofort schreiben sie einen Brief an ihren Schulleiter. Dieser gibt der Klasse den Brief wieder zurück, weil er zu unhöflich formuliert war.

Offenburg, den 15.1.20xx

Lieber Herr Schmid,

unsere Klasse will auf jeden Fall einen Schulhund! Sie müssen unbedingt zustimmen!

Viele in unserer Klasse wünschen sich schon lange einen eigenen Hund. Maja hat einen Terrier. Der springt immer alle an. Jörg hat einen Australischen Schäferhund. Den finden manche aus unserer Klasse so hübsch mit dem langen Fell. Er hat ein blaues Auge und ein braunes.

Wir beantragen einen Schulhund. Es ist immer so laut im Unterricht. Immer schreit jemand herum! Manche Schüler stehen auch einfach auf, wenn sie mit einer Aufgabe fertig sind. Mit Hund wäre das besser. Anja hat auch große Angst vor Hunden. Wir könnten ihr ja beibringen, den Hund zu füttern.

Antworten Sie schnell!

Viele Grüße, Ihre Klasse 5

1. Unterstreiche die Stellen, die der Schulleiter wohl unhöflich findet.

2. Verbessere den Brief.
   a) Streiche Überflüssiges!
   b) Verändere Formulierungen, die dir nicht gefallen oder die nicht passend sind. Schreibe in die Zeilen am Rand.

3. Schreibe den gesamten verbesserten Brief ins Heft. Du kannst den Brief auch am Computer schreiben und ausdrucken.

Märchenwelten: Hinter den sieben Bergen ...

Märchen lesen und untersuchen

Schneewittchen

Mini-Haus mit sieben Zwergen
hinter sieben hohen Bergen.
Königstochter, jung und fein.
Trautes Heim, Glück allein.
Denkste! Böse Königin
hält den giftigen Apfel hin.
„Schau her, wie herrlich, saftig, rot!“
Schneewittchen beißt. Schon ist es tot.
Ein Prinz, ein Tollpatsch* ist der Mann,
hebt ungeschickt den Glassarg an,
worauf die Tote unsanft ruckte
und gleich das Apfelstück ausspuckte.
Schneewittchen lebt. Der Prinz lacht laut:
„So kommt man schnell zu einer Braut!“
(Rolf Krenzer)

1. Ist dies ein Märchen oder nicht? Lies den Text. Kreuze danach an:

☐ Es ist ein Märchen. ☐ Es ist kein Märchen.

2. Gib eine Begründung für deine Meinung an.

Ich finde, dies ist ein Märchen, weil ______________________________

____

Ich finde, dies ist kein Märchen, weil ______________________________

____

3. Unterstreiche im Text „Schneewittchen“ alle Begriffe, die in Märchen häufig vorkommen.

* Schreibweise wurde angepasst an die neue Rechtschreibung

In diesem Kapitel kannst du lernen, ...

- woran du Märchen erkennst.
- welche Merkmale zu einem Märchen gehören.
- wie die Handlung eines Märchens aufgebaut ist.
- wie man ein Märchen mithilfe von Fragen untersuchen kann.

Hier findest du heraus, was du schon kannst:

1. Märchenquiz: Kreuze an, was stimmt. Achtung: Es ist immer nur eine Antwort richtig.

Wie könnte der Anfang eines Märchens lauten?

- [ ] Am 19. Juni 2010 heiratete Kronprinzessin Victoria von Schweden.
- [ ] Es war einmal ein Königspaar. Das wünschte sich ein Kind.
- [ ] In den Nachrichten wurde bekannt gegeben, dass der Juni ungewöhnlich heiß war.

Welche Wesen oder Personen kommen im Märchen vor?

- [ ] In Märchen kommen immer Tiere vor.
- [ ] In Märchen kommen oft Prinzen und Hexen vor.
- [ ] In Märchen kommen oft Roboter vor.

Wie verläuft eine typische Märchenhandlung?

- [ ] Das ganze Leben einer Person wird beschrieben.
- [ ] Ein Held muss Aufgaben erfüllen, er löst die Aufgaben und wird belohnt.
- [ ] Eine Person geht zur Schule, erlernt einen Beruf und wird erfolgreich.

Was kann es im Märchen geben, aber nicht in der Wirklichkeit?

- [ ] einen Frosch, der sich in einen Prinzen verwandelt
- [ ] ein Auto, das mit Sonnenenergie fährt
- [ ] ein Tier, das 16 Meter weit springen kann

Was ist ein typisches Märchenende?

- [ ] Die Bösen werden gefasst und vor Gericht gestellt.
- [ ] Die Kinder der Prinzessin werden eingeschult.
- [ ] ... und wenn sie nicht gestorben sind, dann leben sie noch heute.

Wortschatz: Märchen – Eigenschaften zuordnen

Das alles kommt in Märchen vor. Was passt wozu?

1. Suche die passenden Eigenschaften aus der Wörterbox heraus. Schreibe kurze Sätze auf die Schreibzeilen.

hässlich böse dunkel ~~groß~~ kostbar alt schön

Das Schloss ist groß.

________ Wald ______________________________ .

________ Zwerg ______________________________ .

________ Krone ______________________________ .

________ Hexe ______________________________ .

________ Prinzessin ______________________________ .

________ Hütte ______________________________ .

Wortschatz: Märchen – Eigenschaften zuordnen

2. Ergänze den Lückentext. Die fehlenden Wörter findest du in der Wörterbox. Streiche das Wort durch, das du in die Lücke eingetragen hast.

~~schönes~~ – großen – alten – bösen – hässlicher – dunklen – goldene – junger

Minimärchen

Es war einmal ein ___schönes___ Mädchen. Das Mädchen lebte in einer __________ Hütte. Eines Tages kam ein __________ Zwerg zu ihr. Er versprach ihr eine __________ Krone. Er wollte dafür später zu ihrer Hochzeit kommen. Er hatte die Krone von einer __________ Hexe gestohlen. Das Mädchen freute sich sehr und lief durch den __________ Wald. Sie wollte zum __________ Schloss. Dort lebte ein __________ Prinz, den die Hexe verzaubert hatte. Nur ein Kuss von einem schönen Mädchen konnte ihn erlösen. Das Mädchen fand den Prinzen, küsste ihn und setzte ihm die Krone auf. Und wenn sie nicht gestorben sind, dann leben sie noch heute glücklich und zufrieden.

3. Unterstreiche im folgenden Text, wie die Märchenfiguren sind. Formuliere anschließend im Heft, wie in der Hilfe angegeben.
Hilfe: Eigenschaften findet man mit der Frage: „Wie ist jemand/etwas?"
Die böse Hexe. Frage: *Wie ist die Hexe?* Antwort: *Die Hexe ist böse.*

Die böse Hexe mochte keine Prinzessinnen. Sie ging ins Schloss des reichen Königs. Der König hatte eine schöne Tochter. Die Prinzessin träumte von einem jungen Prinzen. Doch die alte Hexe hatte den Prinzen verzaubert. Er wurde zu einem grünen Frosch. Die traurige Prinzessin brauchte Hilfe vom König. Der kluge König sagte: „Du musst den Frosch küssen." Die brave Prinzessin küsste den Frosch. Der Frosch wurde zum glücklichen Prinzen.

Merkmale von Märchen erkennen

Das Märchen vom Dornröschen – in Kurzfassung

Es war einmal ein Königspaar, das lebte glücklich und zufrieden. Zu ihrem Glück fehlte ihnen nur noch ein Kind. Nach langer, langer Zeit bekam die Königin endlich eine wunderschöne Tochter.

Der Vater war voller Freude und veranstaltete ein großes Fest. Als Ehrengäste wollte er die weisen Frauen aus seinem Reich einladen. Leider gab es im Schloss aber nur zwölf goldene Teller. Deshalb bekam die dreizehnte weise Frau keine Einladung.

Beim Fest wünschten die zwölf weisen Frauen der kleinen Prinzessin alles Gute. Plötzlich stand aber die dreizehnte weise Frau im Speisesaal und verfluchte die Prinzessin: „Wenn sie fünfzehn ist, soll sich die Prinzessin an einer Spindel stechen und sterben." Eine der guten weisen Frauen wandelte den Fluch um: „Die Prinzessin soll nur in einen hundertjährigen Schlaf fallen."

Der König tat alles, um das schreckliche Schicksal von seiner Tochter abzuwenden. So ließ er alle Spindeln im Reich verbieten. Doch als die Prinzessin fünfzehn war, stöberte sie neugierig im ganzen Schloss herum, fand in einer Kammer bei einer alten Frau deren Spindel und probierte sie aus. Die Prinzessin stach sich, wie es vorhergesagt war. Nicht nur die Prinzessin, sondern alle Bewohner des Schlosses fielen nun in einen hundertjährigen Schlaf.

Mit den Jahren wuchs um das Schloss eine hohe undurchdringliche Dornenhecke. Viele Prinzen versuchten, die Prinzessin zu retten. Es gelang keinem.

Erst nach Ablauf der hundert Jahre überwand ein Prinz die Hecke. Plötzlich stachen die Dornen nämlich nicht mehr, sondern wurden zu Rosenblüten . Der Prinz gelangte in das Schloss und fand die Prinzessin. Er verliebte sich sofort in das wunderschöne Dornröschen und küsste sie.

Durch den Kuss wurden Dornröschen und alle Bewohner des Schlosses vom Fluch erlöst. Der Prinz und Dornröschen heirateten, und wenn sie nicht gestorben sind, leben sie noch immer in dem Schloss.

Merkmale von Märchen erkennen

1. Lies den Märchentext auf S. 44 langsam und genau durch.

2. Im Märchentext sind einige Wörter grün markiert, die dir vielleicht unbekannt sind. Schlage die Wörter, zu denen noch keine Wortbedeutungen angegeben sind, im Wörterbuch nach und trage die Bedeutung ein.

Ehrengäste: *besonders wichtige Persönlichkeiten, die zu einer Veranstaltung eingeladen worden sind*

weise: ______________________________

verfluchen: ______________________________

Spindel: *ein Werkzeug, das man zum Drehen des Fadens beim Spinnen braucht*

Fluch: *eine Drohung, eine Verwünschung*

stöbern: ______________________________

Kammer: ______________________________

Hecke: ______________________________

3. Suche im Märchen von Dornröschen nach Merkmalen, die oft in Märchen vorkommen.
a) Unterstreiche sie.
b) Trage die wichtigsten ins richtige Kästchen ein.

Held/Heldin – Hauptpersonen: *Dornröschen;*	*Gegensätze:*	
besondere, magische Zahlen:	*Unwirkliches (= etwas, das es in der Wirklichkeit nicht gibt):*	*unbestimmte Zeit:*

4. a) Wähle ein anderes Märchen aus, das du kennst.
b) Übertrage die Tafel mit den Märchenmerkmalen aus Aufgabe 3 in dein Heft und trage die Merkmale zu deinem Märchen ein. ACHTUNG: Nicht immer kommen alle Märchenmerkmale vor.

Illustration: Andreas Fischer, Köln; Symbol: Wolters-Design, Braunschweig

Märchentexte in Abschnitte unterteilen – den Inhalt wiedergeben

Der Fisch mit dem goldenen Bart

In einem Teil des Meeres lebten vor langer Zeit zwei Fische, die sehr gute Freunde waren. Davon hatte der eine einen schönen, langen, goldenen Bart. Die beiden Fische verbrachten, so wie es Freunde tun, viel Zeit miteinander.

Doch eines Tages suchte der Fisch mit dem goldenen Bart vergeblich nach seinem Freund. Nirgends konnte er ihn finden. Tief bekümmert suchte er den Zauberer Oktapus auf und erzählte ihm, dass sein bester Freund verschwunden sei.

Der Zauberer sprach: „Die Menschen haben deinen Freund gefangen. Ich werde dich an Land bringen, sodass du deinen Freund suchen kannst. Bedenke aber, du musst vor Sonnenuntergang wieder ins Meer zurückkommen, sonst musst du sterben."

Der Zauberer versetzte den Fisch mit dem goldenen Bart in Schlaf, und als dieser am Strand des Meeres aufwachte, hatte er die Gestalt eines Menschen angenommen.

Auf der Erde war es Winter und der Fisch in Menschengestalt sah überall Schnee und Eisblumen. Er kam durch Wälder und eine große Ebene, bis er am Horizont die schneebedeckten Türme und Dächer einer Stadt sah. Er wanderte auf die Stadt zu und begann sofort, als er sie erreicht hatte, nach seinem Freund zu suchen. Lange, lange suchte er, aber die Suche schien vergeblich zu sein.

Der Abend näherte sich schon und er wurde sehr traurig und niedergeschlagen. Als er schon alle Hoffnung aufgegeben hatte, was sah er da? Im Schaufenster eines Ladens schwamm sein Freund in einem Aquarium. Schnell betrat er den Laden.

„Bitte gib mir den Fisch dort", sagte er zu dem Verkäufer. Doch der Verkäufer verlangte Geld, was ihm der Fisch in Menschengestalt natürlich nicht geben konnte.

Da sagte der Verkäufer: „Wenn du nicht bezahlen kannst, kann ich dir auch nicht den Fisch verkaufen, es sei denn, du schneidest deinen goldenen Bart ab und bezahlst damit."

Märchentexte in Abschnitte unterteilen – den Inhalt wiedergeben

Was sollte der arme Fisch in Menschengestalt tun? Das Wichtigste war ihm, seinen Freund zu retten. Er schnitt sich also den Bart ab, dann nahm er seinen Freund in den Arm und rannte aus der Stadt.

Die Sonne ging schon langsam unter und er erinnerte sich an die Warnung des Zauberers. Er lief und lief, ohne sich eine Rast zu gönnen.

Gerade als die Sonne am Horizont verschwand, erreichten beide das Meer und tauchten sofort in den Wellen unter. Der Fisch in Menschengestalt verwandelte sich dabei wieder in einen echten Fisch.

Voller Freude umarmten sich die beiden Freunde und schwammen glücklich nach Hause. Seit diesem Tag hat keiner der beiden Fische mehr einen goldenen Bart, doch sie sind die besten Freunde, die man sich vorstellen kann.

1. Lies das Märchen vom Fisch mit dem goldenen Bart.

2. Unterteile die Handlung des Märchens in Abschnitte. Nimm ein Lineal und zeichne am Ende jedes Abschnitts einen Strich ein.
   Hilfe: Oft stehen am Anfang eines neuen Abschnitts Zeitangaben.

3. Bearbeite die Tabelle auf Seite 48.
   a) Trage zu jedem Abschnitt die Zeilenzahlen ein.
   b) Schreibe zu jedem Abschnitt kurz in deinen Worten auf, was geschieht.

lustration: Andreas Fischer, Köln
t: Volksmärchen; aus dem Türkischen übertragen von Domna Steininger

Märchentexte in Abschnitte unterteilen – den Inhalt wiedergeben

Der Fisch mit dem goldenen Bart – die Handlung		
Einleitung	Zeile 1 bis 5	Zwei Fische sind gute Freunde. Einer von ihnen hat einen schönen goldenen Bart.
Hauptteil: Abschnitt 1	Zeile ______ bis ______	______ ______ ______ ______
Hauptteil: Abschnitt 2	Zeile ______ bis ______	______ ______ ______ ______
Hauptteil: Abschnitt 3	Zeile ______ bis ______	______ ______ ______ ______
Hauptteil: Abschnitt 4	Zeile ______ bis ______	______ ______ ______ ______
Schluss	Zeile 50 bis 53	Die Fische sind bis heute beste Freunde. Auch ohne goldenen Bart sind sie glücklich.

Märchentexte in Abschnitte unterteilen – den Inhalt wiedergeben

Info:
Märchen werden in der Zeitform Präteritum geschrieben. Man weist damit auf etwas hin, das bereits vergangen ist. Das Präteritum wird vor allem in der schriftlichen Sprache verwendet.

4. Fasse das Märchen „Der Fisch mit dem goldenen Bart" in deinen eigenen Worten kurz zusammen. Nutze dafür die Übersicht über die Handlung des Märchens auf Seite 48. Schreibe in der Zeitform Präteritum.

Es waren einmal zwei Fische, die gute Freunde waren. Einer von ihnen hatte ______

______

______

______

______

______

______

______

______

______

______

______

5. Märchen einmal anders: Schreibe ein Märchen nach der Bilderfolge in dein Heft.

Vom Dummling zum Helden: ein Märchen mithilfe von Fragen untersuchen

Die Bienenkönigin

Zwei Königssöhne gingen einmal auf Abenteuer und gerieten in ein wildes, wüstes Leben, sodass sie gar nicht wieder nach Haus kamen. Der jüngste, der Dummling hieß, machte sich auf und suchte seine Brüder. Aber als er sie endlich fand, verspotteten sie ihn. Er sei so dumm, dass er nicht durchs Leben kommen könnte. Sie zwei würden es ja kaum schaffen und wären doch viel klüger.

Sie zogen alle drei miteinander fort und kamen an einen Ameisenhaufen. Die zwei ältesten wollten den Haufen aufwühlen und sehen, wie die kleinen Ameisen in der Angst herumkröchen und ihre Eier forttrügen. Der Dummling aber sagte: „Lasst die Tiere in Frieden! Ich lass es nicht zu, dass ihr sie stört!"

Da gingen sie weiter und kamen an einen See, auf dem schwammen viele, viele Enten. Die zwei Brüder wollten ein paar fangen und braten. Der Dummling ließ es aber nicht zu und sprach: „Lasst die Tiere in Frieden! Ich lass es nicht zu, dass ihr sie tötet!"

Endlich kamen sie an ein Bienennest, darin war so viel Honig, dass er am Stamm herunterlief. Die zwei wollten Feuer unter den Baum legen und die Bienen ersticken, damit sie den Honig wegnehmen könnten. Der Dummling hielt sie aber wieder ab und sprach: „Lasst die Tiere in Frieden. Ich lass es nicht zu, dass ihr sie verbrennt!"

Endlich kamen die drei Brüder in ein Schloss. Dort standen in den Ställen lauter steinerne Pferde. Es war auch kein Mensch zu sehen. Die drei Brüder gingen durch alle Ställe, bis sie vor eine Türe ganz am Ende kamen. Vor der Tür hingen drei Schlösser. Mitten in der Tür war aber ein Fenster, durch das man in eine Stube sehen konnte.

Vom Dummling zum Helden: ein Märchen mithilfe von Fragen untersuchen

Da sahen sie ein graues Männchen, das an einem Tisch saß. Sie riefen es an, einmal, zweimal, aber es hörte nicht. Endlich riefen sie zum dritten Mal; da stand es auf, öffnete die Schlösser und kam heraus. Es sprach aber kein Wort, sondern führte sie zu einem reich gedeckten Tisch. Als sie gegessen und getrunken hatten, brachte das Männchen jeden Bruder in ein eigenes Schlafgemach.
Am andern Morgen kam das graue Männchen zu dem ältesten, winkte und leitete ihn zu einer steinernen Tafel.
Auf der Tafel standen drei Aufgaben geschrieben, durch die das Schloss erlöst werden könnte. Die erste war: In dem Wald unter dem Moos lagen die Perlen der Königstochter, tausend an der Zahl. Die Perlen mussten gesucht werden. Wenn vor Sonnenuntergang noch eine einzige fehlte, so würde der, der gesucht hatte, zu Stein. Der älteste ging hin und suchte den ganzen Tag. Als aber der Tag zu Ende war, hatte er erst hundert gefunden. Es geschah, wie es auf der Tafel stand: Er wurde in Stein verwandelt. Am folgenden Tage unternahm der zweite Bruder das Abenteuer; es ging ihm aber nicht viel besser als dem ältesten. Er fand nicht mehr als zweihundert Perlen und wurde zu Stein. Endlich kam auch der Dummling an die Reihe. Er suchte im Moos. Es war aber so schwer, die Perlen zu finden, und ging so langsam. Da setzte er sich auf einen Stein und weinte.
Und wie er so saß, kam der Ameisenkönig, dem er einmal das Leben erhalten hatte, mit fünftausend Ameisen. Es dauerte gar nicht lange, so hatten die kleinen Tiere die Perlen miteinander gefunden und auf einen Haufen getragen.
Die zweite Aufgabe aber war, den Schlüssel zu der Schlafkammer der Königstochter aus dem See zu holen. Wie der Dummling zum See kam, schwammen die Enten, die er einmal gerettet hatte, heran, tauchten unter und holten den Schlüssel aus der Tiefe.

Illustration: Andreas Fischer, Köln
Text: nach Brüder Grimm

Vom Dummling zum Helden: ein Märchen mithilfe von Fragen untersuchen

Die dritte Aufgabe aber war die schwerste: Von den drei schlafenden Töchtern des Königs sollte die jüngste und die liebste herausgesucht werden. Sie glichen sich aber vollkommen und waren durch nichts verschieden.

Allerdings hatten sie vor dem Einschlafen verschiedene Süßigkeiten gegessen: die älteste ein Stück Zucker, die zweite ein wenig Sirup, die jüngste einen Löffel Honig. Da kam die Bienenkönigin von den Bienen, die der Dummling vor dem Feuer geschützt hatte, und versuchte den Mund von allen dreien, zuletzt blieb sie auf dem Mund sitzen, der Honig gegessen hatte, und so erkannte der Königssohn die richtige Königstochter.

Da war der Zauber vorbei, alles war aus dem Schlaf erlöst. Wer von Stein war, erhielt seine menschliche Gestalt wieder. Und der Dummling vermählte sich mit der jüngsten und liebsten Prinzessin.

Nach dem Tod des Vaters der Prinzessin wurde er König.

Seine zwei Brüder aber erhielten die beiden anderen Schwestern.

1. Lies das Märchen von der Bienenkönigin.

2. Wer ist die Hauptperson (Hauptfigur) in dem Märchen?

____

3. Welche Eigenschaften hat die Hauptperson?

____

____

____

Vom Dummling zum Helden: ein Märchen mithilfe von Fragen untersuchen

4. Ein Held im Märchen bekommt Aufgaben gestellt und muss sie lösen.

a) Untersuche, wie der Weg vom Dummling im Märchen verläuft.

Ausgangssituation:

___

Aufgaben, die zu lösen sind:

___

___

___

___

___

___

Gutes Ende:

___

___

b) Ist der Dummling ein Held oder nicht? Begründe deine Entscheidung.

___

___

___

5. Trage die „Übersetzung" für Ausdrücke aus alten Märchenbüchern ein.

Alltagssprache	Märchensprache
	voller Verdruss
	geschwind gehen
	Die Kinder dauerten ihn.
	Sie hieß ihm ...
	Er begab sich ins Schloss.
	Er vermochte es nicht.

Märchenhaft

Ein Märchen schreiben

Schnurre, schnurre, Rädchen,
spinne goldene Fädchen,
für das arme Mädchen,
spinne Stroh zu Gold ...

Heute back ich, morgen brau ich,
übermorgen hol ich der Königin ihr Kind;
ach, wie gut, dass niemand weiß,
dass ich Rumpelstilzchen heiß!

Im Kino läuft der Film „Rumpelstilzchen". Deine Klasse möchte sich gern den Film gemeinsam ansehen.
Zahira kennt das Märchen nicht. Sie liest die kurze Information auf dem Kinoplakat. Aber ihr ist nicht klar, worum es geht.
Da du das Märchen kennst, bittet Zahira dich, ihr das Märchen zu erzählen.

Wie beginnt denn das Märchen?
Welche Personen kommen vor?
Gibt es eine schöne Prinzessin?
Was ist das Besondere an dem Märchen?
Ist es traurig?
Wie endet das Märchen?

Es war einmal ...

1. Nimm dein Heft und mache dir Notizen, bevor du Zahira das Märchen erzählst. Ihre Fragen können dir sicherlich dabei helfen.

In diesem Kapitel kannst du lernen, ...

- wie du Ideen sammelst, um ein eigenes Märchen zu schreiben.
- wie du einen Text so schreibst, dass man ihn als Märchen erkennt.
- wie man zu einem Märchen selbst einen Schluss schreibt.
- ein eigenes Märchen nach einem Bild zu schreiben.
- einem Mitschüler eine Rückmeldung über seinen Märchentext zu geben.

Hier findest du heraus, was du schon kannst:

1. Kreuze an:

	stimmt	stimmt nicht
Wenn ich einen eigenen Schluss zu einem Märchen schreibe, muss ich den Anfang des Märchens genau kennen.		
Wenn ich ein unvollständiges Märchen weiterschreibe, darf ich alle (!) Figuren neu erfinden.		
Wenn ich einen eigenen Märchentext schreibe, nehme ich mein Heft und schreibe sofort drauflos.		
Bevor ich mit dem Schreiben beginne, sammle ich Ideen.		
Wenn ich beim Schreiben nicht weiterkomme, darf ich meine Mitschüler oder meine Lehrerin / meinen Lehrer um Hilfe bitten.		
Märchen darf man nicht auf dem Computer schreiben.		
Wenn ich nicht weiß, wie ein Wort geschrieben wird, darf ich es im Wörterbuch oder auf dem Smartphone nachschlagen.		

Wortschatz: Märchen erkennen

1. Schreibe zu jedem Bild das passende Wort. Die Wörter im Kasten helfen dir dabei.

der Wald die Hexe die Schatztruhe die Katze das Hexenhaus

2. Verbinde jedes Bild mit einem Textkasten.

Eines Tages hatten sie nichts mehr zu essen und die Eltern schickten Hänsel und Gretel in den dunklen Wald.

Die Frau war eine böse Hexe. Sie lockte die Kinder ins Haus. Hänsel sperrte sie dann in einen Käfig.

Es war einmal ein armer Holzfäller. Der lebte mit seiner Frau und seinen beiden Kindern in einer alten Holzhütte. Der Junge hieß Hänsel und das Mädchen hieß Gretel.

Plötzlich kamen sie an ein Häuschen, das aus Lebkuchen und Schokolade gebaut war, und eine Frau sagte: „Kommt nur herein und esst, soviel ihr wollt."

3. Schreibe das Märchen in der richtigen Reihenfolge in dein Heft.
Überlege dir auch eine Überschrift.

Wortschatz: Märchen erkennen

Hier siehst du Figuren und Gegenstände aus verschiedenen Märchen.

4. Welche fünf Figuren oder Gegenstände gehören zum Märchen „Rotkäppchen“? Kreise sie ein.

5. Schreibe die Wörter mit Artikel auf.

das Rotkäppchen ______________ ______________

______________ ______________

____

6. Was geschieht im Märchen „Rotkäppchen“? Male zwei Bilder dazu.

Hier stimmt was nicht! – eine Handlung in die richtige Reihenfolge bringen

1. Nummeriere die Bilder der Reihe nach:

2. Schreibe im Heft in ganzen Sätzen auf, was auf den Bildern geschieht.
Was tun die einzelnen Figuren?
Hilfe: Im Märchen werden die Figuren oft genau beschrieben,
z. B.: eine schöne Prinzessin, eine böse Stiefmutter oder eine gute Fee.

3. Beschreibe die folgenden Figuren. Die Wörter in der Wörterbox helfen dir dabei:

Schneewittchen ist … ______________________

______________________________.

Die Königin ist … ______________________

______________________________.

Der Jäger ist … ______________________

______________________________.

Die Zwerge sind … ______________________

______________________________.

freundlich
gemein
arm
schwach
grausam
bescheiden
nachdenklich
hilfsbereit
besorgt
reich
mächtig
hinterlistig
glücklich

Ein Märchen zu Ende schreiben

Der süße Brei

Es war einmal ein armes Mädchen, das lebte alleine mit seiner Mutter. Eines Tages hatten sie nichts mehr zu essen. Da ging das Kind hinaus in den Wald. Dort begegnete ihm eine alte Frau, die die Not des Kindes kannte. Sie schenkte ihm ein Töpfchen, zu dem es sagen sollte: „Töpfchen, koche“, und dann kochte es guten, süßen Hirsebrei. Und wenn es sagte: „Töpfchen, stehe“, so hörte es wieder auf zu kochen. Das Mädchen brachte den Topf seiner Mutter heim und nun mussten sie keinen Hunger mehr erleiden. Sie aßen süßen Brei, sooft sie wollten.
Eines Tages, als das Mädchen nicht zu Hause war, da sprach die Mutter: „Töpfchen, koche“, da kochte es und die Mutter aß sich satt. Als sie nicht mehr hungrig war, wollte sie, dass das Töpfchen wieder aufhören sollte, aber sie wusste das Wort nicht. Der Brei stieg über den Rand hinaus und kochte immerzu weiter. Plötzlich waren die Küche und das ganze Haus voll Brei und auch das zweite Haus und dann die ganze Straße. Kein Mensch wusste sich zu helfen.

1. Wie könnte das Märchen weitergehen?
a) Sammle zuerst deine Ideen. Schreibe sie in die Kästchen.

Ideensammlung

Menschen bauten kleine Schiffe.

b) Suche dir dann eine Idee aus der Ideensammlung aus. Schreibe das Märchen im Heft zu Ende. Beginne deinen Schluss mit dem Satz: „Doch dann kam die Rettung ...“ oder: „Doch dann hatten sie eine Idee ...“

http://www.lernwege-deutsch.de/5

ustration: Andreas Fischer, Köln
: nach Brüder Grimm

Ein eigenes Märchen schreiben – Ideen sammeln

So, und nun kannst du selbst zum Schriftsteller werden und dein eigenes Märchen schreiben.

1. Bevor du mit dem Schreiben deines Märchens beginnst, solltest du in einem ersten Schritt deine Ideen sammeln. Folgende Fragen können dir dabei helfen:

- Wie heißt dein Märchen?
- Welche Personen kommen in deinem Märchen vor?
- Von was handelt dein Märchen?
- Was ist das Besondere in deinem Märchen (z. B. magische Zahlen oder etwas, das immer wiederkehrt)?
- Wo spielt dein Märchen?
- Wie endet dein Märchen?
- Wie lautet der Schlusssatz in deinem Märchen? (Z. B.: ... und sie lebten glücklich bis ans Ende ihrer Tage.)

Info:
Besonders übersichtlich kannst du deine Ideen und Überlegungen in einer Ideensammlung darstellen, beispielsweise so:

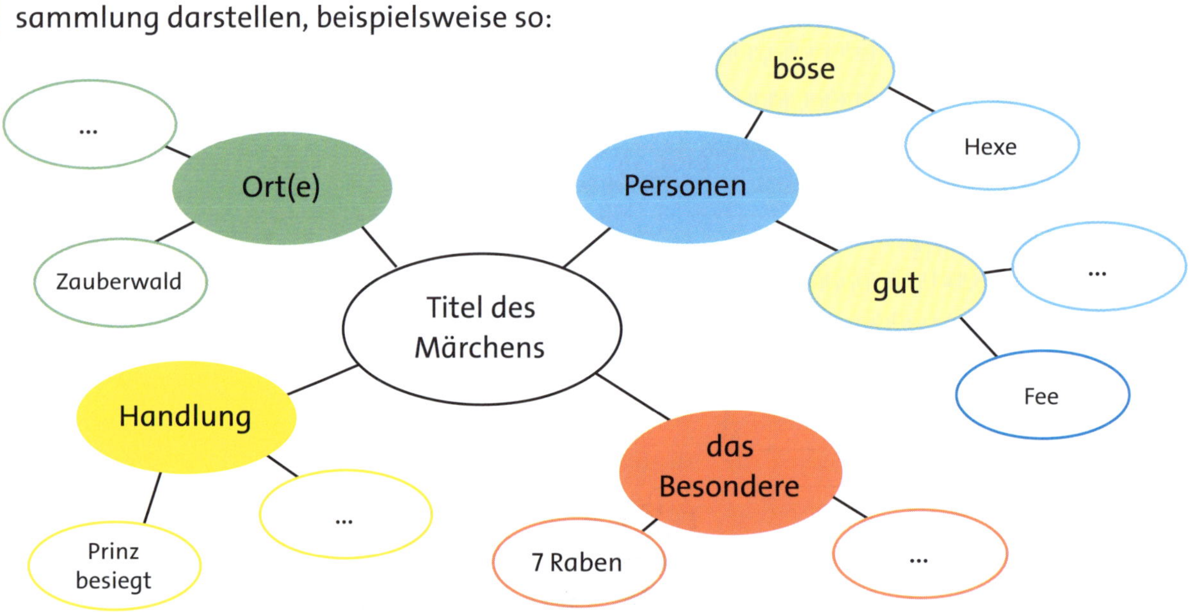

2. Beschreibe die Hauptfigur genauer. Wie sieht sie aus? Welche Eigenschaften hat sie?
Die Hauptfigur in meinem Märchen ist:

____

____

____

____

Ein eigenes Märchen schreiben – Handlung festlegen, spannend aufschreiben

1. Nachdem du festgelegt hast, WER die Hauptfiguren in deinem Märchen sind und WO das Märchen spielt, musst du dir noch überlegen, WAS in deinem Märchen alles passiert. Die folgende Tabelle hilft dir dabei, deine Ideen zu sortieren.

a) Übertrage die Tabelle in dein Heft. Fülle sie aus. Benutze deine Ideensammlung.

Personen, die im Märchen vorkommen	**Orte, an denen das Märchen spielt**	**Handlung: Das geschieht im Märchen**

b) Schreibe das Märchen in dein Heft. Vergiss die Überschrift nicht.

So beginnt mein Märchen:
In der Einleitung gibst du dem Leser einen ersten Überblick darüber, 1. WER die Personen in deinem Märchen sind und welche Eigenschaften sie haben. 2. WO dein Märchen spielt. *Es war einmal …*
Das alles geschieht in meinem Märchen:
Im Hauptteil erzählst du, 1. WAS in deinem Märchen alles passiert. WAS die Personen sagen und machen. 2. was das Besondere an deiner Geschichte ist (etwas, das plötzlich oder unerwartet passiert; Dinge, die den Leser überraschen und verwundern). *Eines Tages aber …* *Plötzlich …*
So endet mein Märchen:
Im Schlussteil zeigst du, 1. WAS am Schluss geschieht. 2. WAS nun mit den Personen geschieht. *Und wenn sie nicht gestorben sind, …* *Und sie lebten glücklich und zufrieden bis ans Ende ihrer Tage.*

Die Redaktionskonferenz – Rückmeldungen zu einem Text geben

Zum Ende des Schuljahres hat die Klasse 5 vor, ein eigenes Märchenbuch herzustellen. Sie möchte es neuen Schülerinnen und Schülern in der Schule zur Begrüßung schenken. Deshalb müssen die Texte sehr sorgfältig verfasst werden.

1. Lade dir den Text mit der Nummer 6 herunter oder bitte deine Lehrerin oder deinen Lehrer, dir den Text zur Verfügung zu stellen.
Setze dich mit einem Mitschüler oder einer Mitschülerin zusammen. Stelle dir vor, dass er/sie den Märchentext geschrieben hat. Er/sie ist noch unsicher, ob der Text gelungen ist, und bittet dich um eine Rückmeldung.

Gehe folgendermaßen vor:

Schritt 1: Lies den Text genau durch.

Schritt 2: Markiere alle Stellen im Text, die dir gut gefallen, mit einem Pluszeichen: **+**

Schritt 3: Markiere alle Stellen im Text, die dir nicht so gut gefallen, mit einem Minuszeichen: **–**

Schritt 4: Wenn du etwas nicht verstanden hast und nachfragen möchtest, schreibst du ein Fragezeichen an diese Stelle im Text: **?**

Schritt 5: Danach besprichst du den Text mit deinem Mitschüler / deiner Mitschülerin. Bei der Rückmeldung kannst du folgendermaßen vorgehen:

- Sage als Erstes, was dir an dem Text gut gefällt.
- Wenn du sagen willst, was dir nicht so gut gefällt, kannst du so beginnen:
  „Was mir nicht so gut an deinem Text gefällt, ist ...“ oder
  „Obwohl mir ganz viel an deinem Text gefällt, finde ich es nicht gut, wenn du schreibst, ...“
- Du kannst auch Fragen stellen, z. B.:
  „Was willst du mit diesem Satz oder mit dieser Textstelle sagen?“
  „Willst du mit diesen Wörtern ausdrücken, dass ...?“

Schritt 6: Am Schluss kannst du deinem Mitschüler / deiner Mitschülerin einen oder auch mehrere Tipps geben, wie er/sie den Text noch verbessern kann.

Hinweise dazu, was verbessert werden könnte, sowie ein Beispiel für einen verbesserten Märchentext findest du ebenfalls im Downloadbereich (Nummer 7).

http://www.lernwege-deutsch.de/6
http://www.lernwege-deutsch.de/7

Märchenwerkstatt – zu einem Bildimpuls ein Märchen schreiben

1. Suche dir ein Bild aus und schreibe dazu ein Märchen in dein Heft.

Die Märchenmischmaschine

Die Märchenmischmaschine enthält unterschiedliche Bausteine, mit denen du unzählige Märchen herstellen kannst. Sie lassen sich in folgende Gruppen einteilen: *Figuren, Handlungen, Orte, Magisches.*

2. Ergänze auf den Rollen der Märchenmischmaschinen mögliche Bausteine (Begriffe).

3. Wähle verschiedene Bausteine aus und schreibe mit ihnen ein kurzes Märchen in dein Heft. Vergiss die Überschrift nicht!

lustrationen: Andreas Fischer, Köln
otos: alle fotolia – crimson; ted007; lizavetta; akarb

Gespenstisches

Erzähltexte lesen, verstehen und untersuchen

Hier spukt es

Es war Vollmond, aber über dem Mond lag ein Schleier von Nebel und der Mond sah merkwürdig grün aus. Niclas und Mattis hatten sich verlaufen. Sie waren jetzt ganz allein im Wald. Die anderen waren wohl weitergegangen, als sie noch Beeren gepflückt hatten. Jetzt war es schon dunkel. Sie konnten nur noch etwas sehen, weil schwaches Mondlicht da war. Die niedrigen Bäume in der Heide wirkten wie dunkle Gestalten. Jetzt kam auch noch ein Unwetter auf. Es donnerte und blitzte in der Ferne. Zum Glück fanden sie eine Schutzhütte. Schnell liefen sie hinein. Drinnen roch es ganz faulig, aber sie waren froh, dass es hier trocken war. Jetzt konnten sie erst einmal ausruhen. Doch plötzlich hörte man ein unheimliches Knarren. Kurz darauf kamen furchterregende Geräusche vom Dachboden über ihnen. Niclas fing leise an zu wimmern: „Was ist das? Das hört sich ja schrecklich an!"

1. Lies den Text.
2. Was ist an dieser Situation alles unheimlich? Unterstreiche, was dir unheimlich erscheint.
3. Was könnte auf dem Dachboden sein? Schreibe deine Einfälle auf:

____

____

____

4. Wie könnte die Geschichte enden? Schreibe mindestens drei Ideen in dein Heft.

In diesem Kapitel kannst du lernen, ...

- eine unheimliche Bildergeschichte zu verstehen.
- wodurch eine Geschichte unheimlich wirkt.
- die Hauptfigur in einer Geschichte zu untersuchen.
- wie du den Spannungsverlauf in einer Geschichte untersuchst.
- wie du den Höhepunkt einer unheimlichen Geschichte bestimmst.

Hier findest du heraus, was du schon kannst:

1. Mache aus dem Text eine gruselige Geschichte. Schreibe über die markierten Stellen die passenden Wörter aus dem Kasten.

Das ist doch gar nicht gruselig!!!

altes

Ein Tourist in Schottland besuchte mit einer Reisegruppe ein modernes Schloss. Ein Zimmer konnte nicht besichtigt werden. Dort sollte ein niedliches Kätzchen spuken. Der Tourist war sehr neugierig, trödelte bewusst ein bisschen und blieb allein zurück. Vorsichtig machte er die Tür auf. Erst sah er nichts, doch plötzlich erblickte er das süße Kätzchen. Er freute sich riesig. „Das wird mir niemand glauben", dachte er und holte in aller Ruhe seine Kamera heraus. Er hörte leises Miauen und blieb ganz ruhig. Er machte einige Fotos, steckte die Kamera wieder ein und schlenderte zu seiner Reisegruppe. Am nächsten Tag wollte er seinem Freund die Fotos zeigen. Doch auf den Fotos war die süße Katze zu sehen.

~~altes~~ – schreckliches Gespenst – hatte schreckliche Angst – furchtbare Wesen – war ganz entsetzt – furchtbares Heulen – zitterte am ganzen Körper – rannte – sofort – nichts – ging nicht weiter

Wortschatz: Gespenster und unheimliche Wesen

Gespensterbaukasten

Mein Gespenst

Sein Körper ist weiß.
Seine Augen glitzern.
Seine Hände sind knochig.
Die Füße sind riesig.

1. Wie sieht dein Gespenst aus? Schreibe die vier Sätze neu. Ersetze die markierten Wörter durch andere aus dem Gespensterbaukasten.

____

____

____

____

____

2. Du kannst auch ein anderes unheimliches Wesen erfinden. Zeichne oder beschreibe es in deinem Heft.

Wortschatz: unheimliche Geräusche

1. Auf dem Bild siehst du Figuren und Dinge, die nachts unheimliche Geräusche machen können. Schaue sie dir genau an.

2. Trage die Wörter aus der Wörterbox so in die Lücken ein, dass sinnvolle Sätze entstehen.

Das Fenster klappert.

Die Türe ______________________.

Die Kette ______________________.

Die Eule und das Gespenst ______________________.

Die Turmuhr ______________________ zwölf Uhr.

Die Treppe ______________________.

Das Glas fällt ______________________ zu Boden.

quietscht
klirrend
heulen
knarrt
schlägt
~~klappert~~
rasselt

Eine Gespenstergeschichte

Das kleine Tages- und Nachtgespenst

Die Kirchturmuhr ist kaputt.
Das kleine Gespenst verschläft die Geisterstunde um Mitternacht. Als die Uhr um 12 Uhr mittags wieder schlägt, wacht das kleine Gespenst auf. Und da passiert es: Durch das Sonnenlicht wird aus dem weißen Nachtgespenst ein schwarzes Tagesgespenst.

1. Lies den Text. Überlege und schreibe dann auf:
a) Warum wird das kleine Nachtgespenst zu einem Tagesgespenst?

___

___

___

b) Welche Farbe hat das Tagesgespenst?

___

___

___

2. Schreibe eine kleine Geschichte darüber, was ein Tages- oder Nachtgespenst tut, in dein Heft. Entscheide dich für ein Gespenst.

Eine Gespenstergeschichte in Bildern – den Aufbau untersuchen

1

2

3

4

5

1. Sieh dir die Bilder der Geschichte genau an. Finde eine passende Überschrift für diese Geschichte:

____

____

2. Gib die Nummer des Bildes an, auf dem es am spannendsten und gruseligsten ist. Schreibe auf, was dort passiert.

____

____

____

____

____

3. Schreibe im Heft auf, ob du die Geschichte unheimlich oder lustig findest. Begründe deine Meinung kurz.

Hilfe: So kannst du beginnen: *Ich finde die Geschichte lustig (unheimlich), weil ...*

Illustrationen: Achim Schulte, Dortmund

In einer Gespenstergeschichte die Hauptfigur untersuchen

1. Lies den folgenden Ausschnitt aus einer sehr spannenden Gespenstergeschichte.

Gespensterjäger

In dem großen Haus, in dem Tom wohnte, hatte jede Wohnung einen eigenen Keller. Aber Tom war der festen Überzeugung, dass ihr Keller der dunkelste, unheimlichste, spinnenverseuchteste war. Und er wusste auch, warum. Der Hausmeister, Egon Riesenpampel, war ein Kinderhasser. Und weil Tom und Lola die einzigen Kinder im Haus waren, hatte ihre Familie auch den allerschrecklichsten Keller bekommen. Ganz klar! Als Tom vor der staubigen Tür stand, kniff er die Lippen zusammen und rückte entschlossen seine Brille zurecht. Der enge, kalte Flur, von dem die Kellertüren abgingen, war nur spärlich beleuchtet, und Tom hatte wie immer Schwierigkeiten, den verdammten Schlüssel ins Schloss zu kriegen. Die Tür quietschte scheußlich, als Tom sie aufstieß. Modrig riechende Schwärze gähnte ihm entgegen.

Tapfer machte er einen Schritt vorwärts und tastete nach dem Lichtschalter. Wo, zum Teufel, war das verflixte Ding? Es war so ein altmodischer Drehschalter, an dem man sich die Finger verbog. Na endlich. Da war er. Tom drehte ihn herum.

Eine jämmerliche kleine Glühbirne flammte auf und – paff! – zerplatzte in tausend Splitter. Erschrocken stolperte Tom zurück und stieß mit dem Ellbogen gegen die Kellertür. Rums!, fiel sie ins Schloss. Tom stand mutterseelenallein im pechschwarzen Keller. „Ganz ruhig!“, dachte er. „Ruhig bleiben, alter Junge. Es ist nur die blöde Glühbirne zerplatzt.“ Aber seit wann zerplatzen Glühbirnen einfach? Tom spürte, wie sein Mund trocken wie Schmirgelpapier wurde. Er wollte einen Schritt zurück machen. Aber seine Schuhe klebten an irgendwas fest. Er hörte seinen eigenen Atem. Und dann ein leises Rascheln. So als striche etwas über die alten Zeitungen, die Mama irgendwo in der Dunkelheit gestapelt hatte. „Hilfe!“, flüsterte Tom. „Oh Mann, Hilfe!“ „Aaaaaahoooo!“, stöhnte es ihm aus der Finsternis entgegen. Kalter, modrig stinkender Atem strich ihm übers Gesicht. Und eisige Finger packten seinen Hals. „Weeeg!“,

In einer Gespenstergeschichte die Hauptfigur untersuchen

schrie Tom und schlug wie ein Wilder um sich. „Weg, du widerliches Ding!“ Die Eisfinger ließen seinen Hals los und zogen an seinen Ohren. Irgendwas schimmerte weißlich in der Dunkelheit. Irgendwas mit giftgrünen Augen, flatterndem Haar und höhnischem Grinsen.

„Ein Gespenst!“, dachte Tom fassungslos. „Ein richtiges Gespenst!“ „Oooouuuuaaaah!“, jaulte das entsetzliche Ding. Mit einem verzweifelten Ruck zog Tom die Füße aus den festgeklebten Schuhen. Er taumelte zur Tür und tastete zitternd nach dem Riegel. Das grausige Etwas zerrte an seinen Haaren und an seiner Jacke und heulte ihm die Ohren voll. Mit letzter Kraft riss Tom die Tür auf, das Gespenst wich mit erbostem Kreischen zurück und Tom stolperte halb tot vor Schreck auf den Flur hinaus.

(Cornelia Funke: Gespensterjäger, Auszug)

2. Lies dir nun die Geschichte ein zweites Mal durch. Was findest du an der Geschichte unheimlich? Unterstreiche Unheimliches grün.

3. Woran merkt man, dass Tom Angst hat? Unterstreiche die Stellen im Text rot.

4. In der Geschichte kommen auch Toms Gedanken vor. Finde die Stellen und unterstreiche sie blau.

5. Beschreibe die Person Toms.

____

____

____

lustration: Achim Schulte, Dortmund
t: Cornelia Funke: Gespensterjäger auf eisiger Spur (Band 1). Veränderte Neuausgabe 2015 © 1993 Loewe Verlag GmbH, Bindlach

Jetzt wird es richtig gruselig – Figuren und den Spannungsaufbau untersuchen

1. Lies den Anfang der Geschichte bis Zeile 15 (roter Strich) langsam und genau durch.
2. Unterstreiche beim zweiten Lesen, warum die Situation für die Mädchen unheimlich ist.
3. Lies dann die Geschichte zu Ende.

Das Tapetengespenst Echo

Endlich war es so weit. Katja und Nour lagen auf ihren Betten im Turmzimmer. „Ich dachte schon, dass es sich meine Eltern noch einmal anders überlegen.“ „Ja, ich fürchtete auch schon, dass wir unten in der Ferienwohnung bleiben müssen.“ Katja und Nour waren für ein paar Tage mit Katjas Eltern in Urlaub. Ein altes Gutshaus war umgebaut worden und man konnte dort Ferienwohnungen mieten. Das Beste aber war, dass die beiden Mädchen ein Zimmer für sich alleine hatten – ganz oben in einem Turm. Ein bisschen komisch war das schon, so alleine. Aber auch sehr spannend für die beiden Mädchen! Katja war ein bisschen mulmig zumute, vor allem, weil es hier oben so dunkel war. Und die Treppe, die nach oben führte, knarrte. Katja hätte auch schwören können, dass die Treppe gewackelt hatte.

Nour wusste, dass Katja ein bisschen ängstlich war und sich zum Beispiel vor Spinnen fürchtete. Deshalb sagte sie nichts, als sie im Schrank gleich zwei riesige schwarze Exemplare entdeckte. „Komm, ich helfe dir und packe deine Sachen in den Schrank“, meinte sie stattdessen und kam sich sehr großzügig vor. „Martin wollte mir unbedingt einreden, dass es in alten Gutshäusern Gespenster gibt“, lachte Katja. „Der denkt, dass Mädchen dauernd Angst haben“, grinste Nour. Martin war Katjas jüngerer Bruder. Die beiden erzählten noch stundenlang. Als sie die Uhr zwölf schlagen hörten, waren sie endlich müde. „Mach das Licht aus“, sagte Katja. „Bis morgen.“ Schon war es stock-

Jetzt wird es richtig gruselig – Figuren und den Spannungsaufbau untersuchen

dunkel. „Mach das Licht aus. Bis morgen.“ „Ist gut, ist ja aus“, grummelte Nour. „Ist gut, ist ja aus“, hörte Katja noch einmal. „Mensch, schlaf jetzt. Hör auf“, knurrte Katja. „Schlaf jetzt. Hör auf“, klang es aus dem Zimmer. „Nour, lass das, jetzt ist Schluss!“ Langsam wurde Katja ärgerlich. „Lass das. Jetzt ist Schluss“, klang es mit seltsamer Stimme im Raum. „Hör du doch auf! Wie ein Papagei sagst du alles zwei Mal“, empörte sich Nour. „Hör doch auf. Papagei. Zwei Mal.“ „Das ist nicht witzig!“ Nour knipste das Licht wieder an.

Die Mädchen saßen senkrecht im Bett und starrten sich an. Beide deuteten mit den Fingern auf sich und schüttelten den Kopf. Katja

zitterte leicht, fasste sich aber ein Herz und fragte in den Raum: „Wer bist du?“ „Wer bist du?“, kam es prompt aus der Wand zurück. „Hilfe!“, schrie Katja und sprang zu Nour ins Bett. „Hilfe“, tönte die Stimme zurück. „Wer ist da?“, fragte nun Nour. „Wer ist da?“, kam die Stimme wie ein Echo zurück.

Doch dann glaubte Nour, so etwas wie ein Kichern gehört zu haben. „Sag sofort, wer du bist!“, forderte sie jetzt energisch. „Ich bin Echo“, klang es hinter der Wand. „Das Tapetengespenst.“ Katja zitterte nun noch mehr und klammerte sich an ihre Freundin.

Doch die legte die Finger auf den Mund und flüsterte Katja ins Ohr: „Da hat doch jetzt jemand geantwortet. Also kein Echo. Warte mal!“ Ganz leise sprang sie auf, riss die Tür auf und trat mutig auf den Flur. Martin stand dort und hielt sich den Bauch vor Lachen. „Mensch! Ich bin vor Schreck fast gestorben“, beschwerte sich Katja. „Ich finde, das habt ihr zwei verdient. Ihr dürft hier oben schlafen!“, versuchte Martin sich zu rechtfertigen.

Jetzt wird es richtig gruselig – Figuren und den Spannungsaufbau untersuchen

4. Wie reagieren die beiden Mädchen auf das Echo? Suche die Textstellen (Zeilen 44–56) und unterstreiche Katjas Reaktionen rot, Nours Reaktionen grün. Trage die Textstellen dann in die Tabelle ein.

Katjas Verhalten	Nours Verhalten
Katja zitterte leicht,	

5. An welcher Stelle wirkt die Geschichte auf dich am gruseligsten und spannendsten? Gib die Zeilen an und begründe deine Meinung. Schreibe ins Heft.

Jetzt wird es richtig gruselig – Figuren und den Spannungsaufbau untersuchen

Info:
Die Textstelle, an der eine Gruselgeschichte besonders spannend oder unheimlich ist, nennt man **Höhepunkt**.

6. a) Bestimme die Handlungsschritte in der Geschichte.
Trage die Handlungsschritte in Stichworten ein.
b) Trage mit einem Pfeil ein, wo der Höhepunkt ist.

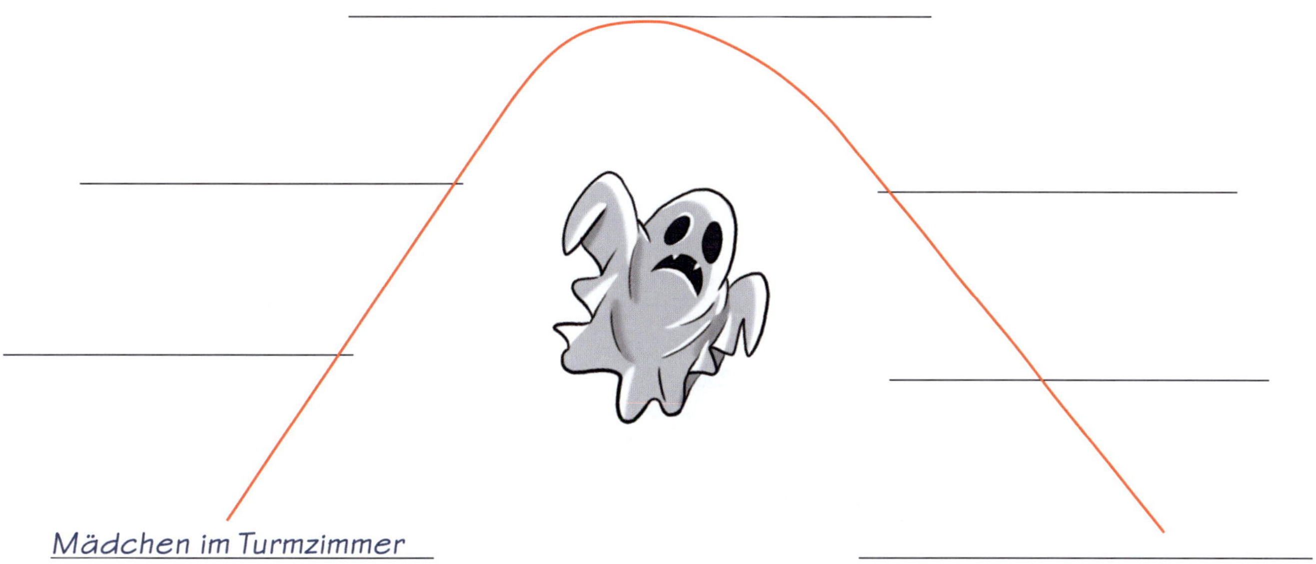

7. Wie findest du den Schluss der Geschichte? Begründe deine Meinung.
Hilfe: Du kannst für deine Stellungnahme die Formulierungen am Rand nutzen.

Ich finde den Schluss gut, weil ...

Ich finde den Schluss nicht gut, weil ...

Ich hatte zuerst gedacht, dass ... Aber dann ...

Mir gefällt, dass ...

Erst war die Geschichte spannend, dann ...

Unheimliche Erlebnisse

Erzähltexte schreiben

1. Versetze dich in die Situation auf dem Bild: Nachts allein im Wald. Was fühlst du, hörst du, wie reagierst du? Trage Stichworte in die Felder ein.

Da war es mir richtig gruselig!

Situation:

____

____

____

unheimliche Geräusche:

____

____

____

meine Reaktionen:

____

____

____

meine Gefühle:

____

____

____

2. Was ist für dich noch alles unheimlich? Schreibe deine Gedanken hier auf.

____

____

____

In diesem Kapitel kannst du lernen, ...

- wie du eine unheimliche Geschichte nach Bildern erzählst.
- wie du die Handlung einer unheimlichen Geschichte ausgestaltest.
- wie du Ideen für eine unheimliche Geschichte sammelst.
- wie du deine Geschichte spannend und anschaulich machst.
- wie du eine eigene Geschichte planst, schreibst und überarbeitest.

Hier findest du heraus, was du schon kannst:

Über das Erzählen von unheimlichen Geschichten

1. Kreuze an: Was ist richtig, was ist nicht richtig?

	richtig	falsch
Gespenstergeschichten müssen immer wahr sein.		
Jede spannende Geschichte hat einen Höhepunkt.		
In der Einleitung einer Geschichte wird die ganze Handlung zusammengefasst.		
Den Hauptteil einer Geschichte erzählt man ausführlich.		
In einer spannenden Geschichte dürfen keine Gedanken und Gefühle vorkommen.		
In unheimlichen Geschichten darf es wörtliche Rede geben.		
Geschichten sind nur unheimlich, wenn Gespenster vorkommen.		

Wortschatz: Was kommt in einer unheimlichen Geschichte vor?

1. Verbinde die Wörter mit den entsprechenden Bildern.

Wesen:	**Orte:**
Gespenst	altes Haus
Eule	finsterer Wald
Fledermaus	dunkle Höhle
Spinne	kalter Keller
Katze	einsamer Friedhof

ruft lebt läuft huscht ~~spukt~~

2. Wähle ein Wesen und einen Ort aus. Bilde dann damit einzelne Sätze. Die Wörter in der Wörterbox helfen dir dabei.

Das Gespenst spukt in einem alten Haus.

Wortschatz: Reaktionen und Gefühle bei Angst

Plötzlich erscheint ein Gespenst ...

1. Versetze dich in die Situation: Was machst du, wenn plötzlich ein Gespenst auftaucht?

a) In der Wörterschlange findest du passende Verben. Teile die Verben mit einem Strich ab.

s c h r e i e n|z i t t e r n s i n g e n r e n n e n w e i n e n

b) Schreibe jedes Wort in der Grundform und in der ich-Form auf.

schreien – ich schreie; ____________________

____

____

2. Diese Kinder haben Angst vor dem Gespenst! Was meinst du, wie du dich fühlst und was mit dir geschieht, wenn ein Gespenst auftaucht? Schreibe drei Sätze auf. Nutze die Ausdrücke oben.

Meine Haare stehen hoch. ____________________

____

____

Ihre Haare stehen hoch.

Sie klappern mit den Zähnen.

Sie bekommen eine Gänsehaut.

Sie haben weiche Knie.

Sie zittern.

Sie haben Herzklopfen.

Eine Gespenstergeschichte nach Bildern erzählen

Wer spukt denn hier?

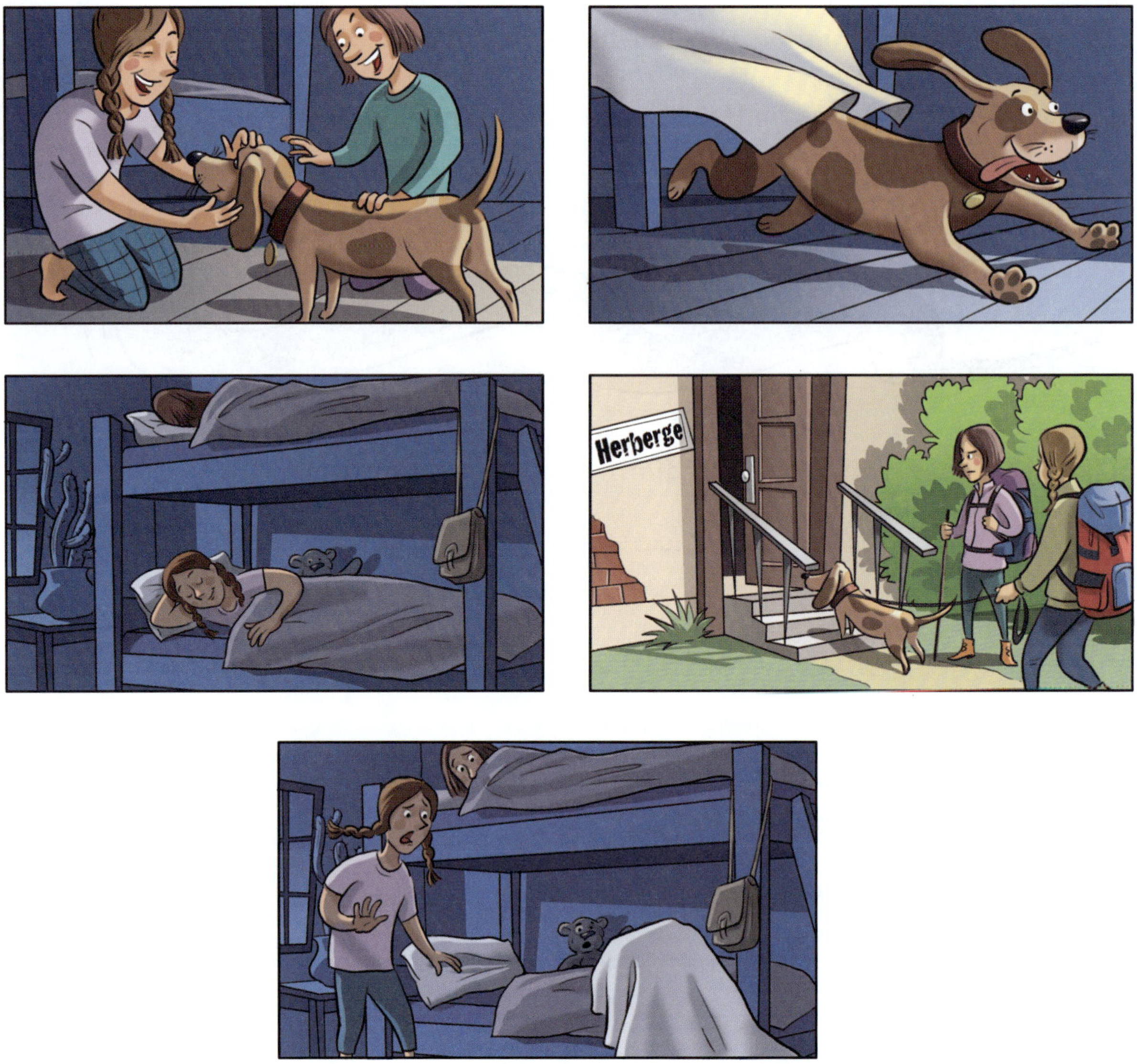

1. Hier ist etwas durcheinandergeraten. Ordne die Bilder in der richtigen Reihenfolge an, indem du Zahlen an die Bilder schreibst.

2. Schreibe zu jedem Bild mindestens einen Satz, damit eine Geschichte entsteht. Schreibe sie in dein Heft.
Hilfe: Manchmal musst du auch noch etwas schreiben, was zwischen den Bildern passiert.

3. Kreuze das Bild an, auf dem es in deiner Geschichte besonders spannend wird. Erzähle hier ausführlicher.
Hilfe: So kannst du beginnen:
Plötzlich bewegt sich etwas ...

Die Handlung einer Gespenstergeschichte ausgestalten

Info:
Der Höhepunkt einer Geschichte ist dort, wo es am spannendsten ist.

Die Klasse 5 der Gotenschule macht einen Ausflug. Übernachtet wird auf dem Dachboden mit vielen Zimmern. Türen gibt es nicht. Es sind nur Vorhänge vor den Zimmern. Als alle nach langem Gerede und Gekicher endlich einschlafen wollen, bewegt sich plötzlich ein Vorhang ...

1. Versetze dich in die vorgegebene Situation. Trage alles in die Wörtersonne ein:

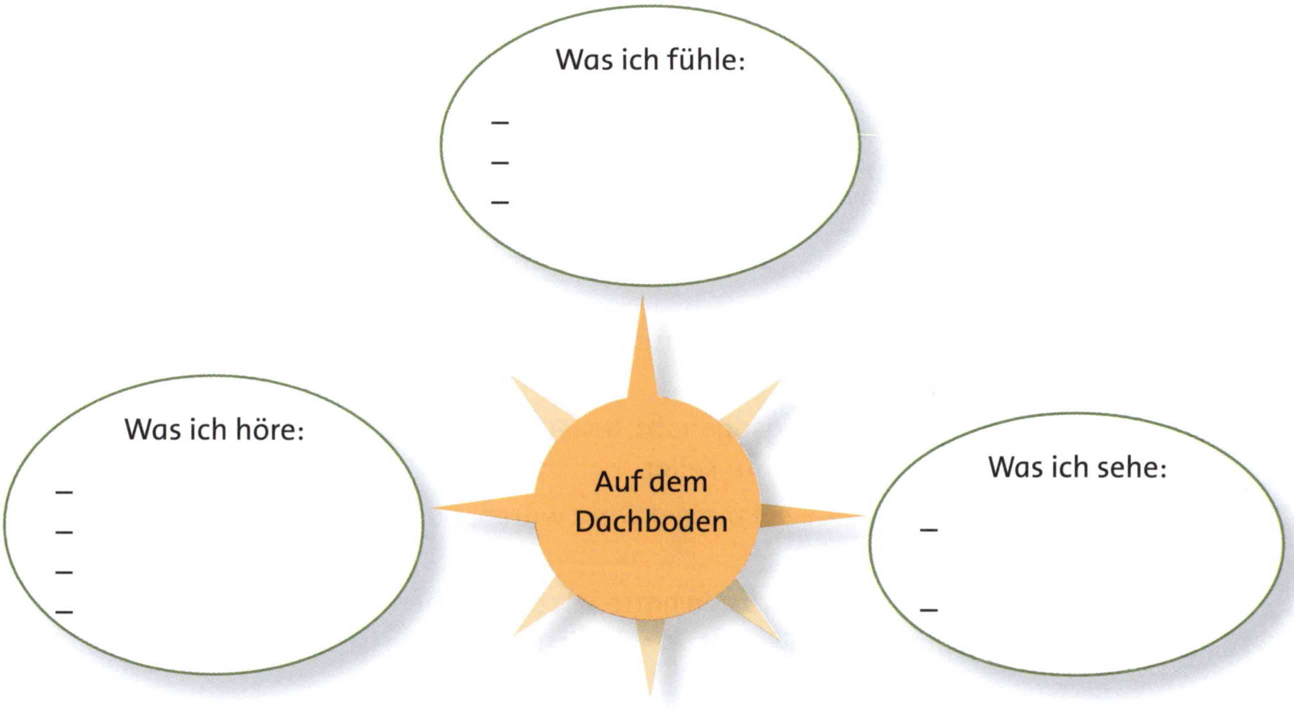

2. Schreibe in dein Heft: ...
   a) wie die Geschichte weitergeht.
   Hilfe: Beginne: *Plötzlich ...*
   b) wie die Geschichte endet.
   Hilfe: Beginne: *Glücklicherweise ...*

Illustration: Andreas Fischer, Köln

Eine eigene unheimliche Geschichte schreiben

1. Sammle Ideen für eine eigene unheimliche Geschichte. Beantworte dafür die W-Fragen und trage die Antwort in die Tabelle ein.

1. Welche Personen kommen vor?	______________________ ______________________
2. Was geschieht in der unheimlichen Geschichte?	______________________ ______________________ ______________________
3. Wo spielt die Geschichte?	______________________ ______________________
4. Was ist der Höhepunkt (das Spannende) in deiner Geschichte?	______________________ ______________________ ______________________
5. Wie endet deine Geschichte?	______________________ ______________________

Eine Einleitung schreiben

2. Welche Einleitung macht dich neugierig auf eine unheimliche Geschichte mit einer Katze? Kreuze an.

- ☐ Einmal habe ich ganz viel Angst gehabt. Sonst habe ich nie Angst. Dabei war es nur Omas Katze im Keller.
- ☐ Als wir letztes Wochenende bei meiner Oma waren, passierte etwas Unheimliches mit ihrer Katze.
- ☐ Meine Oma wohnt in Flensburg. Sie hatte letztes Wochenende Geburtstag. Meine Oma hat eine Katze. Die Katze ist meistens lieb. Sie ist schon alt.

3. Schreibe eine Einleitung für deine Geschichte.

Info:
Die Einleitung einer spannenden Geschichte soll neugierig machen und nicht zu viel vorgeben.

Eine eigene unheimliche Geschichte schreiben

4. Lege die Handlungsschritte für deine Geschichte fest.
Schreibe Stichworte oben auf die Schreibzeilen.
Nutze dabei deine Sammlung in der Tabelle (Aufgabe 1, S. 82).
Achte dabei auf die richtige Reihenfolge.

Hauptteil

Einleitung

Schluss

5. Schreibe nun deine Geschichte mit dem Computer auf. Die Checkliste hilft dir dabei.
Denke daran, den Hauptteil ausführlich zu gestalten.

Checkliste: eine unheimliche Geschichte schreiben:

- ☐ Ich habe eine Einleitung und einen Schluss verfasst.
- ☐ Ich habe die Handlungsschritte festgelegt und richtig geordnet.
- ☐ Ich habe den Höhepunkt festgelegt.
- ☐ Ich habe im Hauptteil ausführlich erzählt, z. B. Gedanken und Gefühle beschrieben und wörtliche Rede eingebaut.

Aus einer Nachricht eine Geschichte machen

1. Lies den Polizeibericht.

Polizeibericht: Skorpion im Bett

Gestern Morgen um 7:30 Uhr ging ein Notruf bei der Frühschicht ein. Eine 36-jährige Frau berichtete, dass sie beim Aufwachen einen Skorpion auf ihrer Bettdecke entdeckt hatte. 7:45 Uhr war eine Streife vor Ort. Die Beamten konnten das Tier in einem Gurkenglas aus der Wohnung transportieren. Es stellte sich heraus, dass das Tier harmlos war. Ungeklärt ist, wie der Skorpion in die Wohnung gelangen konnte.

Eine Journalistin hat von dem abenteuerlichen Ereignis erfahren und möchte daraus eine spannende Geschichte für eine Zeitschrift schreiben.

2. Wie könnte man aus der Nachricht eine spannende Geschichte machen? Überlege dir, worauf du achten musst, und erstelle eine Wörtersonne.

Am nächsten Tag interviewt die Journalistin die Frau und verfasst daraufhin ihre Geschichte.
Hier ist nur der Anfang:

7 Uhr morgens in einem kleinen Ort: Eine Frau wachte auf und schaute zum Glück auf ihre Bettdecke.

3. Schreibe den Text zu Ende. Nutze hierfür einen Computer. Schreibe im Präteritum. Die Checkliste von Seite 83 und die Wörtersonne aus Aufgabe 2 helfen dir dabei.

Eine Geschichte überarbeiten

Auch die folgende Geschichte soll in der Zeitschrift unter der Rubrik „Spannendes und Unheimliches“ erscheinen. Schüler, die eine Nachtwanderung gemacht haben, haben ihre Geschichte aufgeschrieben und an die Zeitschrift geschickt. Sie bekommen ihren Text aber von der Redaktion wieder zurück und sollen ihn überarbeiten. Der Redakteur hat folgende Anmerkungen gemacht:

Eine Wanderung in Norddeutschland

Diese Überschrift erweckt keine Neugier.

In den letzten Sommerferien waren wir mit unserer Jugendgruppe in einer Jugendherberge in Norddeutschland. Am letzten Abend machten wir eine Nachtwanderung durch das Moor. Zuerst fand ich die Idee nicht so gut und dachte, dass es ziemlich langweilig werden würde.

Die Einleitung kann so bleiben.

Wir hatten alle Taschenlampen dabei. Es war sehr dunkel. Manche von uns bekamen doch Angst. Man hörte Geräusche. Einige von uns blieben plötzlich zurück. Jemand erzählte, dass man im Moor versinken kann, wenn man vom Weg abkommt. Meine Taschenlampe ging aus. Ich sah meinen Freund nicht mehr. Dafür glaubte ich überall andere Gestalten zu sehen. Sonja meinte, das seien nur Büsche. Als plötzlich etwas vor mir stand, erschrak ich.

Der Hauptteil ist nicht anschaulich genug.

Der Schluss fehlt.

1. Die Überschrift erweckt keine Neugier. Schreibe eine neue passende Überschrift auf.

____

____

2. Der Hauptteil ist nicht anschaulich genug. Schreibe den Hauptteil im Heft neu.
- Beschreibe die Situation anschaulich.
- Beschreibe Gedanken und Gefühle der wandernden Jugendlichen.
- Baue wörtliche Rede ein.

3. Denke dir einen Schluss für die Geschichte aus. Schreibe ihn ebenfalls ins Heft.

lustration: Andreas Fischer, Köln

Wir, der Bumerang und der blaue Hund

Gedichte lesen, verstehen und vortragen

Frühlingsbeginn

weißen ich schneen
frier beißen finger
fußen eis rutschen
nasen ich tropf-tropf

(Ernst Jandl)

Fischwunder

„Ich geh zu Tisch“,
spricht der Fisch.
Seltsam ist er anzusehn:
Selten können Fische gehen.

(Max Kruse)

Der blaue Hund*

Geh ich in der Stadt umher,
Kommt ein blauer Hund daher,
Wedelt mit dem Schwanz so sehr,
Nebenher,
Hinterher

Und verlässt** mich gar nicht mehr.
Wedelt mit den blauen Ohren,
Hat wohl seinen Herrn verloren.

(Peter Hacks)

1. a) Lies für dich die Texte laut vor.
   b) Unterstreiche mit verschiedenen Farben, welche Wörter sich reimen.
   c) Was fällt dir auf, wenn du die Farben vergleichst? Schreibe auf.

____

____

____

____

http://www.lernwege-deutsch.de/8
http://www.lernwege-deutsch.de/9
http://www.lernwege-deutsch.de/10

* Der Dichter schreibt hier am Zeilenanfang immer groß, auch wenn eine Kleinschreibung richtig wä
** Schreibweise wurde angepasst an die neue Rechtschreibur

In diesem Kapitel kannst du lernen, ...

- welche Merkmale Gedichte haben.
- woran du Reime erkennst.
- wie du Gedichte wirkungsvoll vortragen kannst.
- wie man die Stimmung in einem Gedicht erfasst und beschreibt.
- wie Vergleiche in einem Gedicht gestaltet sind und wie sie wirken.

Hier findest du heraus, was du schon kannst:

Ich nicht

Am Kuchenteller
war ein Dieb.
Wo ist das Stück,
das übrig blieb?

Ich war's nicht,
sagt das Känguru*
und hält sich
seinen Beutel zu.

(Jürgen Spohn)

1. a) Schreibe die Reimpaare heraus.
Beispiel für ein Reimpaar: *Badehose – Rose*

____

b) Was fällt dir bei den Versen 1, 3, 5 und 7 auf? ______________________

____

2. Wie viele Strophen hat das Gedicht? ____________

3. Was meinst du, wohin das Kuchenstück verschwunden ist? Schreibe in dein Heft.

http://www.lernwege-deutsch.de/11

* Schreibweise wurde angepasst an die neue Rechtschreibung.

ustration: Achim Schulte, Dortmund
rgen Spohn, in: Jürgen Spohn: Drunter und drüber. Gütersloh: C. Bertelsmann, 1996

Wortschatz: Reimwörter finden

1. Schreibe auf die Linien, wie die abgebildeten Tiere heißen.

2. Finde zu jedem Tier in der Wörterbox das passende Reimwort (z. B.: Rose – Dose). Trage es in das Kästchen ein. Streiche es in der Wörterbox durch.

Info:
Es gibt Wörter, die am Wortende gleich klingen.
Z. B.: Ball – Knall.
Solche Wörter nennt man Reimwörter.
Sie reimen sich, weil sie ähnlich oder gleich klingen.

Tisch	Haus	Tatze
~~Lücke~~	Nase	Spiegel
Reise	Tal	

3. Suche selbst Reimwörter und schreibe sie auf.

____

____

4. Suche dir aus Aufgabe 1 Reimwörter aus. Bilde kurze Sätze.
Hilfe: *Die Mücke fliegt durch die Lücke.*

____

____

____

____

Reimpaare im Gedicht finden

Wir

Ich bin ich und du bist du.
Wenn ich rede, hörst du zu.
Wenn du sprichst, dann bin ich still,

____

Wenn du fällst, helf ich dir auf,
und du fängst mich, wenn ich lauf.
Wenn du kickst, steh ich im Tor,

____

Spielst du pong, dann spiel ich ping,

____

Allein kann keiner diese Sachen,

____

Ich mit dir und du mit mir –
das sind wir.

(Irmela Brender)

weil ich dich verstehen will.
zusammen können wir viel machen.
pfeif ich Angriff, schießt du vor.
und du trommelst, wenn ich sing.

1. Trage die fehlenden Zeilen in das Gedicht ein.
   Tipp: Die Reime helfen dir dabei.
2. Schreibe das vollständige Gedicht in dein Heft. Gestalte die Seite zu einem Schmuckblatt. Du kannst es auch für einen Gedichtekalender oder dein Gedichtebüchlein verwenden.

http://www.lernwege-deutsch.de/12

ustrationen: Achim Schulte, Dortmund
nela Bender, in: Gedichte für Anfänger. Reinbek: Rowohlt, 1980

Reimpaare bestimmen und die Wirkung von Reimen entdecken

Bumerang

War einmal ein Bumerang; 1
War ein Weniges zu lang. 1
Bumerang flog ein Stück,
Aber kam nicht mehr zurück.
Publikum – noch stundenlang –
Wartete auf Bumerang.

(Joachim Ringelnatz)

Info:
Ein Bumerang ist eine alte Wurfwaffe.
Wenn man richtig wirft, kehrt der Bumerang zum Werfer zurück.

1. a) Lies dir das Gedicht „Bumerang“ durch.
b) Kreise die Wörter ein, die sich reimen.

2. Neben den ersten beiden Zeilen des Gedichts sind Zahlen für gleiche Reime eingetragen. Trage für die folgenden Reime ebenfalls Zahlen ein. Für einen neuen Reim nimmst du eine neue Zahl.

War einmal ein Bumerang; 1
War ein Weniges zu lang 1
Bumerang flog ein Stück, ☐
Aber kam nicht mehr zurück. ☐
Publikum – noch stundenlang – ☐
Wartete auf Bumerang. ☐

Info:
Die Zeilen in einem Gedicht nennt man **Verse**.
Wenn sich in zwei aufeinanderfolgenden Versen am Ende Wörter reimen, nennt man das **Paarreim**.

http://www.lernwege-deutsch.de/13

Reimpaare bestimmen und die Wirkung von Reimen entdecken

Im Park

Ein ganz kleines Reh stand am ganz kleinen Baum
still und verklärt* wie im Traum.
Das war des Nachts elf Uhr zwei.
Und dann kam ich um vier
morgens** wieder vorbei.
Und da träumte noch immer das Tier.
Nun schlich ich mich leise – ich atmete kaum –
gegen den Wind an den Baum,
und gab dem Reh einen ganz kleinen Stips.
Und da war es aus Gips.

*verträumt

(Joachim Ringelnatz)

3. In diesem Gedicht steckt eine witzige Geschichte. Schreibe sie in dein Heft.

4. a) Umkreise im Gedicht gleiche Reimsilben mit der gleichen Farbe.
b) Untersuche die Verse 3 bis 6. Wie sind die Reime angeordnet?

____

____

Das habe ich festgestellt:
Reime können auch anders angeordnet sein als im Paarreim.
☐ ja ☐ nein

http://www.lernwege-deutsch.de/14

** Schreibweise wurde angepasst an die neue Rechtschreibung.

ustrationen: Achim Schulte, Dortmund; Symbol: Wolters-Design, Braunschweig

Gedichte wirkungsvoll vortragen

Wie fühlt sich der Wind?

Wie sieht es aus, wenn der Wind erschrickt?

Der Wind

← In allem Frieden
← schlief abgeschieden
← hinter einer Hecke
← der Wind. |
Da hat ihn die Spitzmaus, |
wie Spitzmäuse sind,
ins Ohr gezwickt. |

→ Der Wind erschrickt,
springt auf die Hecke
fuchsteufelswild,
brüllt,
packt einen Raben beim Kragen,
rast querfeldein ins Dorf hinein,
schüttelt einen Birnbaum beim Schopf
reißt den Leuten den Hut vom Kopf,
schlägt die Wetterfahne herum,
wirft eine Holzhütte um,
wirbelt den Staub in die Höhe:
Wehe, der Wind ist los!

Aber wo ist die Spitzmaus?
In ihrem Kellerhaus
dreht sie die Daumen im Schoß,
zufrieden und faul
und grinst,
mit ihrem frechen Maul!

(Josef Guggenmos)

Wörterbox 1

- laut
- leise
- brüllen
- stürmen

Wörterbox 2

- ⌄ betonen
- → schnell lesen
- ← langsam lesen
- | Sprechpausen

1. a) Lies das Gedicht einmal durch.
   b) Höre dir das Gedicht an. Setze die Zeichen aus Wörterbox 2 über die entsprechenden Textstellen, so wie der Sprecher sie liest.
   c) Trage das Gedicht jemandem vor.

2. Schreibe in dein Heft, wie du dir den Wind vorstellst.

3. Wie wird der Wind in der ersten und zweiten Strophe beschrieben? Nutze die Wörter in Wörterbox 1. Schreibe in dein Heft.

http://www.lernwege-deutsch.de/15

Gedichte verstehen – Vorstellungen äußern, Stimmungen erfassen

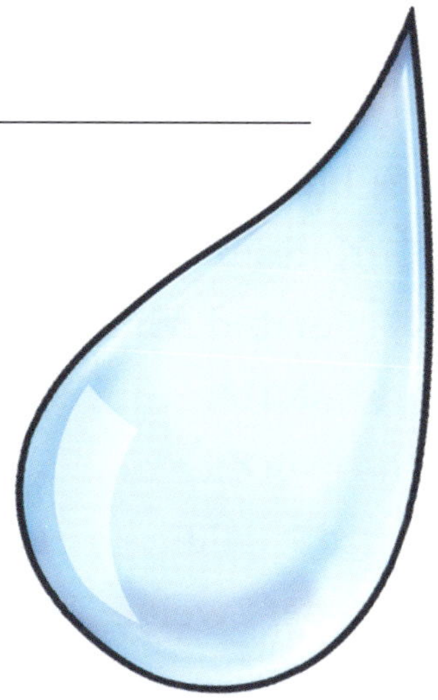

Überschrift: ______________________________

** Wie der Regen tropft, Regen tropft,
An die Scheiben klopft!
Jeder Strauch ist nass* bezopft.

Wie der Regen springt!
In den Blättern singt
Eine Silberuhr.
Durch das Gras hin läuft,
Wie eine Schneckenspur,
Ein Streifen weiß beträuft.

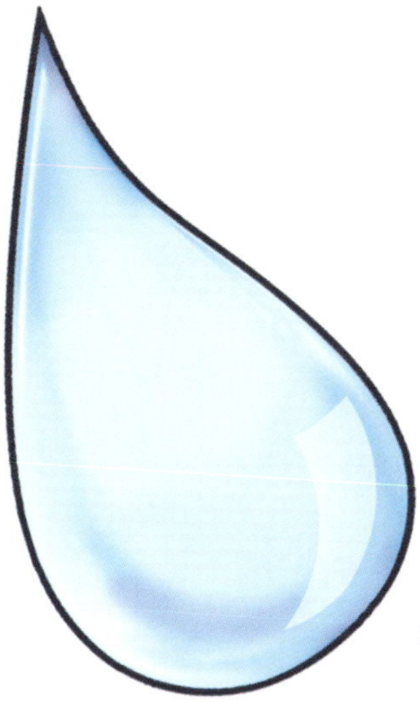

Das stürmische Wasser schießt
In die Regentonne,
Dass* die überfließt,
Und in breitem Schwall
Auf den Weg bekiest
Stürzt Fall um Fall.

Und der Regenriese,
Der Blauhimmelhasser
Silbertropfenprasser,
Niesend fasst* er in der Bäume Mähnen,
Lustvoll schnaubend in dem herrlich vielen Wasser.

Und er lacht mit fröhlich weißen Zähnen
Und mit kugelrunden, nassen Freudentränen.

(Georg Britting)

1. Lies das Gedicht. Denke dir eine passende Überschrift aus.

2. Wie wird der Regen in der vorletzten Strophe genannt?
   a) Schreibe die Wörter auf.

____

____

   b) Finde noch weitere Wörter, wie der Regen heißen kann. Schreibe sie hier auf.

____

____

http://www.lernwege-deutsch.de/16

* Schreibweise wurde angepasst an die neue Rechtschreibung.
** Der Dichter schreibt am Zeilenanfang immer groß, auch wenn eine Kleinschreibung richtig wäre.

ustrationen: Achim Schulte, Dortmund
eorg Britting, in: Georg Britting. Sämtliche Werke. München – Leipzig: List Verlag, 1987–1996

Gedichte untersuchen – Vergleiche erkennen und deuten

Ins Weiße blickend

Schnee hat auf Katzenpfoten
den Garten zurückerobert,
die Dächer und Bäume besetzt.
Erfroren starren
die Knospen dich an,
schwarze Pupillen
im Weiß der Zweige.

(Wolfgang Bächler)

1. Lies das Gedicht.

2. Welche Stellen im Gedicht findest du besonders auffällig? Umkreise sie.

3. Beantworte folgende Fragen:

a) Von welcher Jahreszeit handelt das Gedicht?

____

b) Was tut der Schnee?

____

____

c) Was machen die Knospen? Wie sehen sie aus?

____

____

Das habe ich festgestellt:

Katzen besetzen Bäume und Dächer.	☐ ja	☐ nein
Der Schnee wird mit einer Katze verglichen.	☐ ja	☐ nein
Schwarze Pupillen starren den Garten an.	☐ ja	☐ nein
Die schwarzen Pupillen werden mit Knospen verglichen.	☐ ja	☐ nein
Schnee und Knospen haben menschliche Eigenschaften.	☐ ja	☐ nein

http://www.lernwege-deutsch.de/17

Gedichte untersuchen – Inhalte vergleichen

Unnützes Gedicht

In der ersten Zeile steht nicht viel drin,
die zweite Zeile gibt wenig Sinn,
die dritte ist irgendwie drangeleimt,
und die vierte steht nur da, damit es sich reimt.

Die fünfte ist eigentlich überflüssig,
die sechste zu lesen ist vollkommen müßig,
die siebente Zeile auch kein Genuss.
Doch zum Glück: Nach der achten Zeile ist
Schluss!

(Martin Auer)

Die Dinge reden

„Ich reime mich auf Zuckerbäcker“,
sagt der alte Rasselwecker.

„Ich reime mich auf Nasenflügel“,
sagt der linke Brillenbügel.

Es brummelt stolz die Tiefkühltruhe:
„Ich reime mich auf Stöckelschuhe.“

Und die Standuhr sagt:
„Merkt ihr es nicht?
Wir sind ein Gedicht!“

(Georg Bydlinski)

1. a) Lies die Gedichte.
b) Vergleiche die Überschriften mit dem jeweiligen Inhalt.
Erläutert die Überschrift den Inhalt des Gedichts?

____

c) Wovon handeln die Gedichte? Was ist beiden gemeinsam?

____

____

____

____

2. Schreibe im Heft auf, was dir an den Gedichten gefällt.

http://www.lernwege-deutsch.de/18
http://www.lernwege-deutsch.de/19

ustrationen: Achim Schulte, Dortmund
artin Auer, in: Was niemand wissen kann. Weinheim: Beltz & Gelberg, 1986
eorg Bydlinski, in: Das Gnu im linken Fußballschuh. Köln: Boje Verlag (Bastei-Lübbe), 2014

Dichterwerkstatt

Gedichte schreiben

1. Unterstreiche im Gedicht unten immer die beiden Wörter, die sich reimen. Nimm für jedes Wortpaar, das zusammengehört, eine andere Farbe.

2. Schreibe die Wörter auf.

dichten – verzichten; ______________________________

____

3. Überlege dir noch andere Wörter, die sich reimen:

____

____

4. Schreibe mit diesen Wörtern ein eigenes Gedicht in dein „Gedichtebüchlein" (siehe Seite 97).

5. Unten findest du Bilder von Personen, die Gedichte geschrieben haben.
a) Suche dir einen Dichter oder eine Dichterin aus.
b) Suche ein Gedicht, das er/sie geschrieben hat. Nutze dazu das Internet.
c) Schreibe es in deiner schönsten Schrift auf ein Schmuckblatt.

Anregung zum Dichten

Kinder, wollt Ihr selbst mal dichten?
Keiner muss darauf verzichten,
wenn der Inhalt nur egal ist,
was inzwischen ganz normal ist.
Lasst uns das einmal versuchen:
Lecker schmeckt der Pflaumenkuchen.
Gustav zieht an Lisas Zöpfen.
Kalle wirft mit Blumentöpfen.
Nimm den Finger aus der Nase.
Morgen kommt der Osterhase.
Du kriegst einen auf den Hut.
Übermut tut selten gut. [...]

(Günter Nehm)

Johann Wolfgang von Goethe

Paul Maar

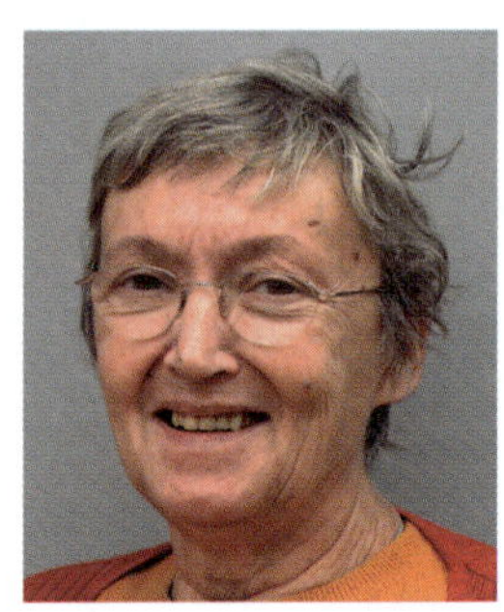

Christine Nöstlinger

http://www.lernwege-deutsch.de/20

In diesem Kapitel kannst du lernen, ...

- selbst ein Gedicht zu schreiben.
- dass es Gedichte gibt, die sich reimen, und Gedichte, die sich nicht reimen.
- ein Gedicht weiterzuschreiben.
- ein Parallelgedicht zu schreiben.

So kannst du mit der Dichterwerkstatt arbeiten:

In der Dichterwerkstatt geht es darum, dass du dich traust, selbst Gedichte zu schreiben. Dabei geht es nicht darum, ob dein Gedicht richtig ist. Es ist nur wichtig, dass du es schreibst.

Natürlich darfst du auch in dein Heft schreiben. Doch es gibt noch weitere Möglichkeiten, deine Texte zu gestalten und aufzubewahren:

Mein Gedichtebüchlein

Alle Texte, die du in der Dichterwerkstatt schreibst, kannst du sammeln und abheften. Nach und nach wird daraus ein kleines Buch – dein „Gedichtebüchlein“. Das Büchlein darfst du so gestalten, wie es dir gefällt.

Schmuckblätter

Manche der Texte, die du geschrieben hast, sind sicherlich so schön, dass du sie ausstellen oder jemandem schenken möchtest. Dazu darfst du deinen Text in Schönschrift auf ein Schmuckblatt schreiben.

Gedichtekalender

Aus deinen Gedichten und den anderen Texten, die du in der Dichterwerkstatt hergestellt hast, kannst du auch einen Kalender gestalten.

Zum eigenen Namen etwas schreiben

1. Du bist neu an der Schule. Stelle dich deinen Mitschülern vor.
Was magst du gern? Was wünschst du dir? Wovon träumst du?
Schreibe die Buchstaben deines Vornamens untereinander.
Die Anfangsbuchstaben deines Namens sind zugleich auch die Anfangsbuchstaben für die Wörter, mit denen du etwas über dich sagen möchtest, oder Dinge, die du magst:

Neugierig ____________________

A ____________________

M ____________________

E ____________________

____

____

____

Wörter werden zu Bildern

Viele Wörter kann man auch malen.
Schüler einer fünften Klasse haben „Bildwörter" aufgeschrieben.

2. Suche selbst Wörter, die du malen kannst. Falls dir keine Wörter einfallen, kannst du auch welche aus der Ideenkiste nehmen.

Meine Bildwörter

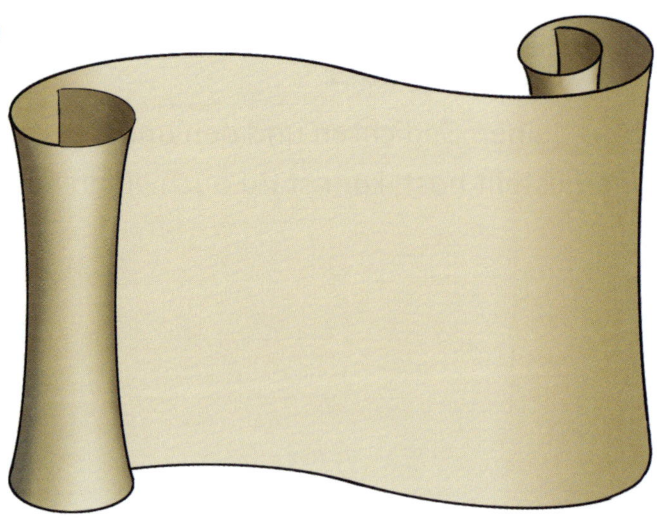

Gedanken, Ideen und Gefühle aufschreiben

1. Betrachte das Bild. Schreibe in die Denkblasen, was dir zu dem Bild einfällt.
Z. B.: Wohin fliegt der Ballon? Wer sitzt darin? Was denken und fühlen die Menschen im Ballon?

2. a) Schreibe ein kleines Gedicht zu diesem Bild in dein Heft.
b) Wie heißt dein Gedicht? Gib ihm eine Überschrift.
Du darfst das Gedicht auch in einer anderen Sprache aufschreiben.

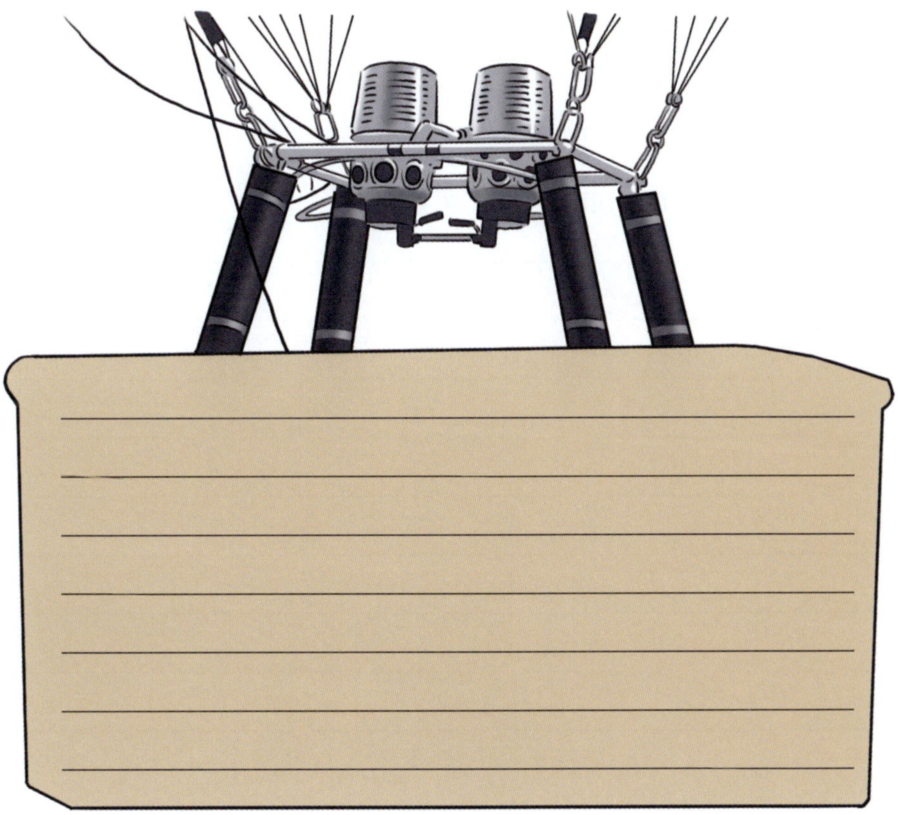

lustration: Andreas Fischer, Köln
oto: fotolia – Bernard 63

Ein Gedicht weiterschreiben

Gruselett

Der Flügelflager gaustert
durchs Wiruwaruwolz,
die rote Fingur plaustert,
und grausig gutzt der Golz.

(Christian Morgenstern)

Info:
Der Dichter hat sich hier etwas ganz Besonderes einfallen lassen. Er hat ein Gedicht mit vielen Fantasiewörtern geschrieben.

1. Halte in der Tabelle fest:
   a) Welche Figuren kommen im Gedicht vor?
   b) Was tun diese Figuren?
   c) Überlege dir weitere Figuren. Notiere, was diese machen.

Figuren, die im Gedicht vorkommen:	**Das machen die Figuren:**
Meine erfundenen Figuren heißen:	

2. Schreibe das Gedicht „Gruselett“ weiter.

http://www.lernwege-deutsch.de/21

Ein Parallelgedicht schreiben

Die Ameisen

In Hamburg lebten zwei Ameisen,
Die wollten nach Australien reisen.
Bei Altona auf der Chaussee
Da taten ihnen die Beine weh,
Und da verzichteten sie weise
Dann auf den letzten Teil der Reise.

(Joachim Ringelnatz)

Schwierige Entscheidung

Ein Maulwurf und zwei Meisen
beschlossen zu verreisen
nach Salzburg oder Gießen.
Ob sie dabei zu Fuß gehen sollen
oder aber fliegen wollen –
das müssen sie noch beschließen!

(Paul Maar)

Info:
Joachim Ringelnatz hat 1930 ein lustiges Gedicht geschrieben von Tieren, die verreisen wollen: „Die Ameisen". Viele Jahre später hat Paul Maar auch ein Gedicht zu diesem Thema verfasst: „Schwierige Entscheidung". Gedichte, die sich an den Inhalt und die Form eines anderen Gedichtes halten, nennt man Parallelgedichte.

1. Schreibe die beiden Gedichte in Schönschrift auf ein Schmuckblatt.
2. Schreibe selbst ein weiteres Parallelgedicht zum Thema „Tiere, die verreisen wollen".

Mein Parallelgedicht

http://www.lernwege-deutsch.de/22
http://www.lernwege-deutsch.de/23

lustrationen: Andreas Fischer, Köln
aul Maar, in: Dann wird es wohl das Nashorn sein. Weinheim: Beltz & Gelberg, 1988

Merkwissen – Methoden und Arbeitstechniken

1. Schritt für Schritt zu eigenen Texten: eine Geschichte schreiben

Das Schreiben vorbereiten

Schritt 1
Die Schreibaufgabe aufmerksam durchlesen

Bevor du mit dem Schreiben beginnst, ist es wichtig, dass du die Schreibaufgabe richtig verstanden hast. Dann weißt du genau, was zu tun ist.

Schritt 2
Das Schreibziel festlegen

Wenn du die Schreibaufgabe verstanden hast und z. B. eine Geschichte schreiben sollst, musst du dir überlegen, ob die Geschichte spannend, gruselig oder lustig werden soll.

Schritt 3
Ideen sammeln

Du kannst mit der Planung deines Textes beginnen und erste Ideen für deine Geschichte sammeln und aufschreiben.

Methoden und Arbeitstechniken

- ***Wörtersonne***

– Notiere den Titel deiner Geschichte in die Mitte eines Blattes und kreise ihn ein.
– Schreibe alles, was dir zu diesem Thema einfällt, um das eingekreiste Wort.

Schritt 4
Den Text planen

Zuerst überlegst du dir genau, welche Personen welche Eigenschaften haben.
Das Flussdiagramm hilft dir dabei.

Methoden und Arbeitstechniken

- ***Flussdiagramm: Personen planen***

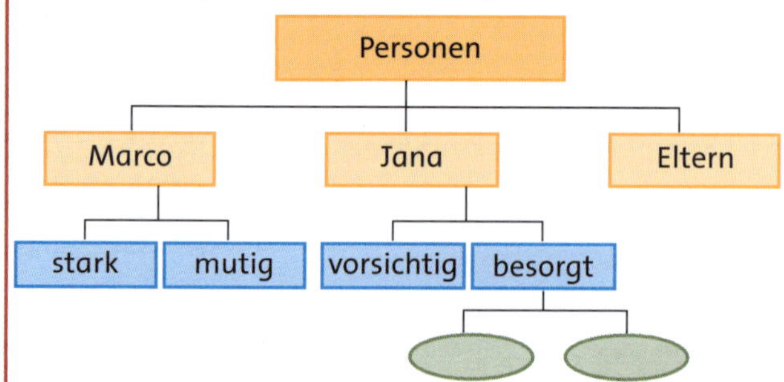

Danach machst du dir Gedanken über folgende Punkte:
– Was passiert in deiner Geschichte?
– Wie beginnt deine Geschichte und wie endet sie?
– Was ist das Spannende oder Lustige daran?
– Was ist das Besondere, das deine Leser interessiert?
Zeichne eine Spannungskurve und trage Schritt für Schritt ein, was in deiner Geschichte geschieht.

Spannungskurve: Handlung planen

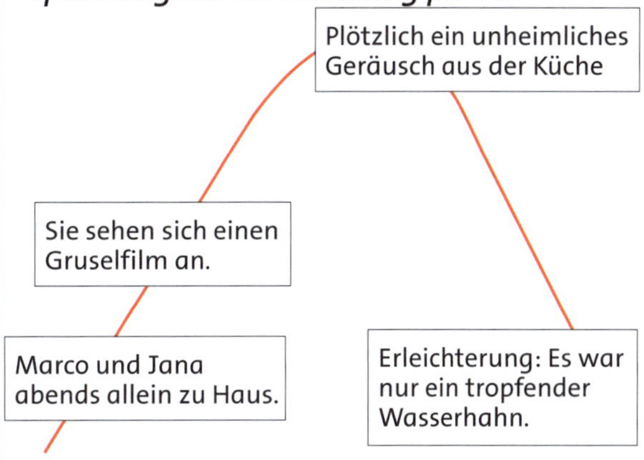

Den Text schreiben

Schritt 5
Den Text aufschreiben

Jetzt kannst du mit dem Schreiben beginnen und deine Geschichte erzählen. Nutze hierfür alles, was du dir bisher notiert hast.

Methoden und Arbeitstechniken
- ***Mit dem Computer schreiben***

Du kannst deinen Text auch mit dem Computer schreiben. Dabei solltest du Folgendes beachten:
– Wähle einen Namen für deine Geschichte und speichere die Geschichte unter diesem Dateinamen ab.
– Immer wenn du an deiner Geschichte weiterschreibst, musst du die Datei erneut abspeichern, damit nichts verloren geht.

Das Rechtschreibprogramm nutzen.
– Aktiviere das Rechtschreibprogramm deines Computers. Wähle hierzu im Menü „Extras“ das Werkzeug „Rechtschreibung und Grammatik“ aus.

Den Text überarbeiten

Schritt 6
Erste Korrekturen vornehmen – eine Schreibpause einlegen

Du hast den ersten Entwurf deines Textes geschrieben. Das Rechtschreibprogramm zeigt dir, wenn du etwas falsch geschrieben hast. Rechtschreibfehler werden rot unterstrichen, Grammatikfehler grün oder blau. Diese Fehler kannst du sofort verbessern. Lege danach eine Schreibpause ein und arbeite erst später wieder am Text.

Schritt 7

Nach der Schreibpause fällt dir an deinem Text sogleich auf, was du noch verbessern kannst. Überarbeite den Text mithilfe einer Checkliste.

Methoden und Arbeitstechniken
- ***Mit einer Checkliste arbeiten***

Die Checkliste hilft dir dabei zu überprüfen, ob alles, was du dir überlegt hast, auch wirklich im Text steht.

2. Schritt für Schritt einen Text untersuchen und verstehen

Schritt 1 *Einen ersten Eindruck gewinnen*	*Methoden und Arbeitstechniken* • ***Den Text überfliegen*** – Lies die Überschrift und die Satzanfänge der einzelnen Abschnitte. – Achte auf Wörter, die dir ins Auge springen. Manchmal sind wichtige Wörter fett gedruckt oder unterstrichen. – Gibt es Tabellen, Schaubilder oder Fotos?
Schritt 2 *Fragen an den Text stellen*	*Methoden und Arbeitstechniken* • ***Erste Eindrücke festhalten*** – Um was geht es in diesem Text? – Was weißt du bereits über dieses Thema? – Was interessiert dich daran?
Schritt 3 *Den Text aufmerksam lesen*	*Methoden und Arbeitstechniken* • ***Lesen und Notizen machen*** – Lies den ganzen Text langsam und konzentriert durch. – Wenn dir ein Wort unklar ist, unterstreiche es mit einem Bleistift.
Schritt 4 *Schlüsselwörter herausfinden*	*Methoden und Arbeitstechniken* • ***Erneutes Lesen*** – Lies den Text ein zweites Mal durch. Beantworte die Fragen, die du an den Text gestellt hast. – Unterstreiche wenige Schlüsselwörter. Sie geben oft Antwort auf deine Fragen.
Schritt 5 *Die Wörter klären, die du nicht verstanden hast*	*Methoden und Arbeitstechniken* • ***Nachschlagen*** – Einige Wörter hast du unterstrichen, weil du sie nicht verstanden hast. Schlage sie im Wörterbuch nach. Du kannst auch dein Smartphone nutzen.
Schritt 6 *Den Inhalt mit eigenen Worten wiedergeben*	*Methoden und Arbeitstechniken* • ***Zusammenfassen*** – Fasse jeden Textabschnitt in einem kurzen Satz zusammen. Achte dabei auf die Schlüsselwörter.
Schritt 7 *Den Inhalt anderen vorstellen*	*Methoden und Arbeitstechniken* • ***Einen Spickzettel erstellen*** – Damit du anderen den Inhalt des Textes gut vorstellen kannst, solltest du dir einen „Spickzettel“ anlegen, auf dem du die wichtigsten Punkte notierst. Achte auf die Reihenfolge!